市民の考古学―12

骨考古学と蝦夷・隼人

瀧川　渉編

同成社

はじめに

本書は、2010年10月2日に北海道伊達市のだて歴史の杜カルチャーセンターで開催された、第64回日本人類学会大会・骨考古学分科会公開シンポジウム「骨考古学から見た古代蝦夷・隼人」における講演内容を基に、再構成・編集されたものである。

「骨考古学」(osteoarchaeology) とは自然（形質）人類学の一分野で、遺跡から出土した古人骨の痕跡から当時の生業や習慣、文化や社会などの生活スタイル全般に関わる情報を解読しようとするアプローチである。目的とするところは本来の考古学と同様だが、その検討対象は人工遺物や遺構ではなく、当時実際に生活を営んでいた人間そのものの遺骨であり、自然人類学の方法を適用する点に大きな特色を持っている。北米では「生物考古学」(bioarchaeology) と称することも多いが、内容的にはほぼ同様と捉えて良い。また、遺跡から出土する動物の骨に基づいて当時の人々の生活を復元する「動物考古学」も、骨考古学の範疇に含めることがある。欧米では1980年代頃から骨考古学によるアプローチが盛んになり、国際学術誌 International Journal of Osteoarchaeology が刊行されている。日本でも1990年に京都大学名誉教授の片山一道による入門書『古人骨は語る―骨考古学ことはじめ』(同朋舎刊、のち角川ソフィア文庫に収録) の出版以来、広く認知されるに至った。

日本人類学会においても、1997年に最初の骨考古学分科会が設立され、例年の大会で骨考古学に関するさまざまな話題を提供してきた。2010年度のシンポジウムもその一環として実施されたわけであるが、この年は平城遷都1300周年の節目でもあり、奈良時代を中心とした古代史への関心が再燃する契機ともなり、歴史学や考古学の立場からすれば大変歓迎すべきイベントであった。しかしながら、ややもするとその関心は当時の律令国家体制の中枢である畿内の事象にばかり注がれがちになり、それ以外の地域にまではなかなか注意が及びにくいという難点もあった。それでも、古代の東北地方には「蝦夷《えみし》」、九州地方南部には「熊襲《くまそ》」ないし「隼人《はやと》」と畿内政権に呼ばれた人々が居住しており、朝廷にまつろわぬ者との認識のもと、しばしば叛乱を起こしたとして「征討」の対象となってきたことは、限られた文献史料を通じて一般にもよく知られてきたところである。ところが、彼らの具体的な実像や生活といった点に関しては、わずかな文献史料からの情報だけでは、不明な点も少なくない。近年、東北地方や九州地方南部で該当期の遺跡における発掘調査が数多く実施されるようになり、資料やデータの蓄積も進んだことで、物質文化に基づいた考古学的視点による研究も相当の進展を遂げ、多くの研究者が著作を世に送り出すに至っている。その一方で、とりわけ奈良・平安時代といった古代の領域では、縄文・弥生時代のような先史時代と比べると、研究者の関心対象の違いゆえか、古人骨や動物遺存体に基づく検討がさほど積極的には手がけられてこなかった面は否定できない。

本書は、特に文献情報では見過ごされがちな生活史的視点を中心に、古代の東北と南九州の人々の人物像や生活史について、骨考古学的側面から最近の成果を紹介し、両地域の状況を比較することを目的としたものである。まず総論にあたるⅠで、古代文献史の立場から蝦夷論を展開してきた東北学院大学文学部の熊谷公男、考古学の立場から熊襲・隼人論を試みてきた宮崎県埋蔵文化財センターの北郷泰道が、それぞれ蝦夷と熊襲・隼人の意味するところとその背景に関する予備知識を提供し、読者の理解の便を図ることとした。

続く各論のⅡでは古人骨の身体的特徴と病変や生活痕の様相など

に関する両地域の研究動向を論じている。東北地方では編者の瀧川と佐賀大学医学部の川久保善智が、南九州の事情については鹿児島女子短期大学生活科学部の竹中正巳がそれぞれ担当した。Ⅲでは理化学的方法による近年の検討結果を紹介している。古人骨から抽出されるミトコンドリアDNA解析の成果について、東北地方では山梨大学大学院医学工学総合研究部の安達登が、南九州の地下式横穴墓出土人骨における検討例を長崎大学大学院医歯学系研究科の佐伯和信他がそれぞれ執筆している。さらに、人骨中のコラーゲンに含まれる炭素や窒素の安定同位体に基づいた古墳時代から古代にかけての食生活の分析について、東京大学総合研究博物館の米田穣がその研究内容を明らかにしている。最後に特別論考として、古代南九州のウマ・ウシの利用を主とした動物考古学の話題を、鹿児島大学農学部の西中川駿名誉教授が提供している。

これら各論を通じて、奈良時代や平安時代のような古代史研究においても、自然人類学や骨考古学の手法によって、当時の人間の身体的特徴や遺伝的多型、あるいは生活史を知る上で有益な情報を引き出し得ることを、読者は認識できるものと思う。そして文献史学はもちろん、考古学をはじめこれらの分野が緊密にタッグを組んでゆくことが、古代史のみにとどまらずさまざまな時代の歴史学において、今後欠かせない視点となることは必定であると信じており、本書の出版がその意識を高めるきっかけとなることを強く願って止まない。また、本書を通じて、当時の中央政府が記録に残した歴史ばかりでなく、東北や南九州に居住した古代の人々とその生活についても、思いを馳せていただけるようになれば幸いである。

壬辰年卯月　編著者記

目　次

装丁　吉永聖児
カバー写真　蕨手刀と隼人楯
背後は矢本横穴墓出土頭蓋

骨考古学と蝦夷・隼人

Ⅰ　文献史学・考古学からみた古代蝦夷・隼人①

「蝦夷」とは何か

——文献史学の立場から——

古代の東北地方から北海道にかけての地域には、蝦夷（エミシ）とよばれる人々が住んでいた。彼らは、一般の倭人（和人）とはやや異なる生活文化を保持しながら、倭人や樺太・沿海州方面などのさらに北方の人々と活発な交流を行い、さまざまなものを取り入れて自らの文化を変革していった。蝦夷は、隼人や南島人（種子島・屋久島・奄美大島等の住民）などとともに、古代の日本列島に住むマイノリティーの一つであり、それらのなかで最大の集団であった。

一方、古代国家は、蝦夷を“化外《けがい》（天子の徳の及ばないところ）の民”とみなして、支配あるいは征討の対象とするようになる。とくに奈良時代以降、律令国家がその北縁部につぎつぎと城柵を設置して蝦夷支配の拠点とし、柵戸《さつこ》とよばれる移民を送り込みながら領土を拡大する政策をとりはじめると、自分たちの生活を脅かされた蝦夷たちはしばしば武器をもって反乱に立ち上がるようになる。

こうして奈良時代の列島の北部では古代国家と蝦夷との武力衝突が繰り返された。しかしながら、その間も蝦夷と倭人の交流は活発に行われ、馬や毛皮が都にまでもたらされる代わりに鉄やさまざまな生活物資が蝦夷社会に流入していった。蝦夷社会は、いわば古代国家との対立・抗争を通して大きく成長を遂げていったのである。

以下、本稿では古代の蝦夷がどのような人々だったのかを知っていただくために3つの問題を取り上げたいと思う。まず“蝦夷”という呼称の問題、次いで文献史料からうかがわれる身体的特徴、最後にその生活文化について概観してみたい。

1. エミシからエゾへ

「蝦夷」とは、自称ではなく、古代国家が列島の北部に住む〝化外の民〟を一括して呼んだ呼称である。「蝦夷」の古代の読みである「エミシ」はもともとは「勇者」という意味であったらしい。『日本書紀』神武即位前紀には「エミシ〔原文—愛瀰詩《えみし》〕を　一人《ひだり》　百《もも》な人　人は云《い》へども　手向《たむか》ひもせず」（大意：エミシを一騎当千の勇者だと人はいうけれど、我らには手向かいもしないぞ）という歌謡が挿入されているが、ここでエミシは勇者の意味で用いられている。「蘇我蝦夷《えみし》」のように名前に使用されるのも、エミシの原義に関係していよう。ただし「蝦夷」は、奈良時代以降はしだいにエヒス・エビスと読まれることが一般的になっていった。

なお、「蝦夷」は「蝦蛦」とも「毛人」とも表記された。蘇我蝦夷は「蘇我毛人」とも書かれたし（『上宮聖徳法王帝説』）、奈良時代の人物である佐《さ》伯《えき》今《のいま》毛人《えみし》は「佐伯今蝦蛦」と書かれることもあった（「正倉院文書」）。

国家形成期にあたっていた5、6世紀、倭王権はしだいに国家意識を明確化していき、華夷思想の影響のもとで列島の周縁部の異文化集団を〝化外の民〟として認識しはじめるようになる。そのことを明瞭に示すのが、倭王武が478年に南朝宋の皇帝に提出した著名な上表文の冒頭部分である。そこには「昔より祖禰《そでい》、躬《みずか》ら甲冑を擐《つらぬ》き、山川を跋渉して寧処に遑《いとま》あらず。東は毛人を征すること五十五国、西は衆夷を服すること六十六国、渡りて海北を平ぐること九十五国」（『宋書』倭国伝）と記されている。ここでは東の「毛人」

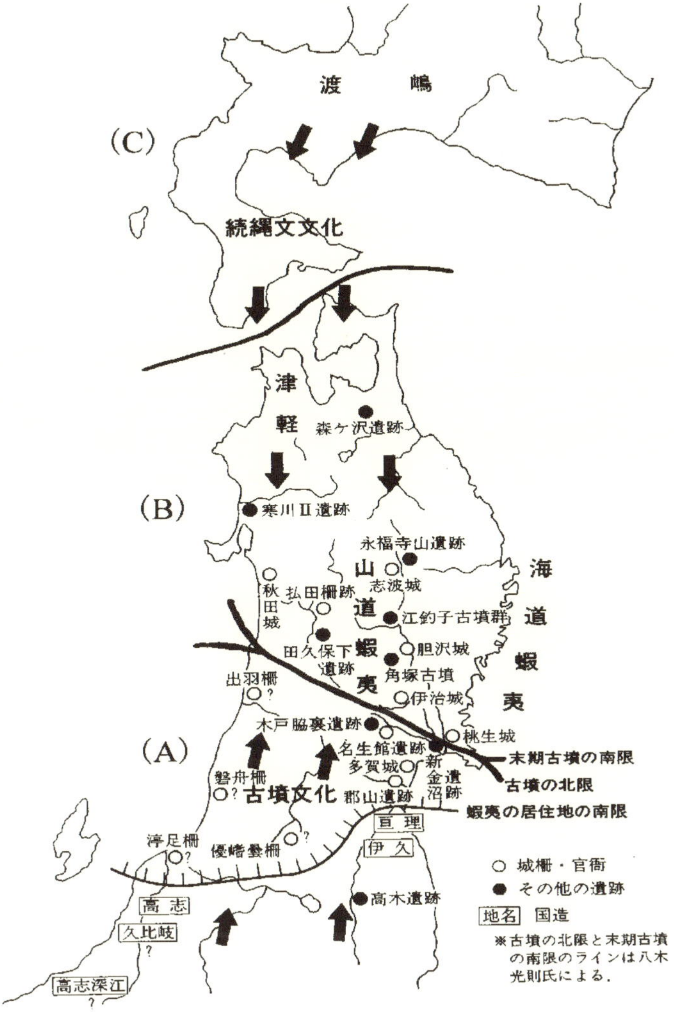

図 1　古代東北における城柵・官衙の分布と蝦夷および周辺の文化圏

と西の「衆夷」が対置されていることからみて、両者は列島周縁部に居住する夷狄として位置づけられていることがうかがわれる。この「毛人」はのちの蝦夷よりも広範囲の列島東北部の人々を包括しているとみられ、蝦夷概念の原形に相当すると解される。

蝦夷概念が成立するのは6世紀のことであろう。『日本書紀』敏達天皇10年（581）閏2月条には、蝦夷の魁帥《ひとごのかみ》（首領）の綾糟《あやかす》という人物が、ヤマトの王宮まで朝貢してきて泊瀬《はつせ》川の流れに入り、三《み》諸岳《もろのおか》（三輪山）に向かって天地の諸神・天皇霊にかけて忠誠を誓う記事がみえる。これは蝦夷の服属儀礼の貴重な記録である。記述が具体的で、7世紀以降の蝦夷の服属儀礼のあり方とも明らかに異なっていることからみて、6世紀代の事実を伝えたものとみてよい。とすれば、遅くとも6世紀後半には倭王権が列島の東北辺の人々を蝦夷とよび、一定の政治的関係を結んでヤマトの王宮まで朝貢させていたことになる。遅くともこの頃までに、倭王権は「エミシ」とよばれる“化外の民”と朝貢関係を結び、王都で服属儀礼を行わせていたのである。

おそらく6世紀半ば頃の国造制の施行に伴って、古代国家はその施行範囲の北の外側の住民を一括して「エミシ」とよぶようになり、一部の蝦夷は服属して王宮に朝貢してくるようになる。その後、服属する蝦夷の増大に伴って、王都にまで朝貢してくるエミシの数も増加していったと思われる。7世紀後半の斉明朝（655-661）には、渡嶋《わたりのしま》の蝦夷が服属して、飛鳥の王都にまで朝貢してくるが、渡嶋とは現在の北海道のことである。古代の北海道の住民も蝦夷とよばれたのである。

斉明5年（659）に派遣された遣唐使は、蝦夷男女2人を唐にまで同道していき、皇帝高宗に謁見した。高宗が「蝦夷にはどんな種類があるのか」と聞くと、使人は「3種類あります。遠くに住んでいるものを都加留《つかる》（津軽）といい、それに次ぐものを麁《あら》蝦夷（服属していない、荒々しい蝦夷）といい、近いところに住んでいるものを熟《にぎ》蝦夷（服属した、従順な蝦夷）といいます。この度同道したのは熟蝦夷で、毎年、倭国の朝廷に朝貢してきます」と答えたという（『日本書紀』所引「伊吉連博徳書」）。倭国もまた夷狄を従えた小帝国であることを、唐に対して主張したかったのである。

神武即位前紀の歌謡にみられるように、「エミシ」の原義は“勇者”という意味であった。古くは「毛人」と表記されたが、大化改新以降、華夷思想の影響をより強く受けて、東夷の一種という意味をこめて「蝦夷」と書かれるようになり、“野蛮で道徳をわきまえない辺境に住む民”という異質性が強調されるようになっていく。

古代末期になると、同じく「蝦夷」という文字を使いながら「エゾ」といわれるようになる。とくに12世紀半ば以降に詠まれた和歌にはエゾの用例が多数みられる。たとえば、

「あさましや千島のえぞのつくるなる…」（藤原顕輔）

「えぞがすむ津軽の野辺の萩盛り…」（藤原親隆）

などである。今のところもっとも古いとみられる「エゾ」の史料は、応徳3年（1086）正月23日付の前陸奥守源頼俊申文の「衣曾別嶋《えぞのわけしま》」である。

「エミシ」が渡嶋（北海道）を含みながらも、東北北部の住民を中心とした概念であったのに対して、「エゾ」は主に「蝦夷が千島」（北海道）を中心とし、それに本州最北部の津軽を加えたものに変化をする。また古代の「エミシ」は華夷思想に裏打ちされていたが、新たな「エゾ」観念は中世的な浄穢観と結びつき、「エゾ」とは国家の境界の地である津軽外ヶ浜・夷島に放逐された不浄の存在で、異形で殺生を業としている狩猟民と観念されるようになっていく。こうして「エミシ」の時代は中世の成立とともに終わりを告げ

るのである。

2．蝦夷の身体的特徴について

古代の文献には、蝦夷が一般の倭人とは生活様式も身体的特徴も大きく異なっていたとするものがみられる。たとえば『日本書紀』景行40年7月条では、景行天皇の言葉として、「東夷の中に、蝦夷は是尤《もつと》も強《こわ》し。男女交《まじ》り居《い》て、父子別《わきため》無し。冬は穴に宿《い》ね、夏は樔《す》に住む。毛を衣《き》、血を飲み、昆弟《えおと》（兄弟）相疑ふ。山に登ること飛禽《とぶとり》の如く、草を行くこと走獣《はしるしし》の如し。恩を承けては忘れ、怨を見ては必ず報《むく》ゆ」と、蝦夷が野蛮で道徳をわきまえない狩猟民として描かれている。ところがこの文章の下線部は、『史記』『文選』『礼記』などの中国の古典の文章を綴り合わせて記述していることが明らかにされている。すなわち、蝦夷の実態の記録ではないのである。

では、このような史料は古代蝦夷の研究をするうえで価値がないものなのかというと、決してそうではない。蝦夷の習俗の客観的な記録ではないが、古代国家の蝦夷観念をストレートに表明したものにほかならず、国家が蝦夷をどのような存在として観念していたかを示す重要な史料だからである。

前節でも取り上げた「博徳書」によれば、遣唐使に同道した蝦夷の男女2人に会った高宗は、最後に「朕は、蝦夷の容貌が変わっているのをみてとても興味深く思ったぞ」と感想を語ったという。このときの蝦夷は、遣唐使の使人とはだいぶ異なる姿形をしていたようであるが、どのように異なるのかは具体的な記述がなく、不明である。

実は、このとき唐に渡った蝦夷については、中国側にも史料が残されている。それによれば、このときの蝦夷の男は、ヒゲの長さが

4尺（約1.2 m）もあったことが特筆されている（『通典』）。唐の人々にとってもっとも印象に残ったのは、蝦夷のヒゲの長さだったようである。蝦夷の「蝦」は「鰕」に通じてエビの意味で、エビは中国では、古来、ヒゲの長いこと、多いことのシンボルであった。おそらくこのことと、エミシに「蝦」という字を用いることは無関係ではあるまい。

ただし、このとき遣唐使に同行した蝦夷の男女については、倭国側が倭人と習俗が大きく異なることを意図的に強調する演出をした可能性も否定できない。前節でふれたように、このときの遣唐使が蝦夷をわざわざ使節に同道して唐まで連れていき、さらには高宗にじかに会わせたのは、倭国は蝦夷という異族をしたがえた“小帝国”としての内実を備えた国である、ということを唐に示したかったためと考えられる。とすれば、遣唐使に随行した蝦夷は、そのような政治的意図をふまえて人選されたとみたほうがよいであろう。すなわち、このときの蝦夷がヒゲが長く、弓矢の名手であった（このことは次節で取り上げる）のは、そのような目的にもっともかなっていたので選ばれた可能性が高いのである。

そのように考えるのは、ほかにも理由がある。というのは、奈良時代以降の比較的信憑性の高い時代の史料に、蝦夷が多毛であることを伝えるものがほとんど皆無だからである。しかも、奈良時代こそ陸奥国側のエミシを「蝦夷」、出羽国側のエミシを「蝦狄」と表記することが一般的で、いずれも「蝦」という字が用いられているが、平安時代に入ると単に「夷」「狄」と表記することがふえ、「蝦」の字があまり使われなくなる。ということは、「蝦」の字はエミシを表すのに不可欠の要素ではなかったということになる。エミシ＝長いヒゲあるいは多毛というのは、作られたイメージである可能性が高いのである。

また、この時のやりとりで高宗が「蝦夷の国には家屋があるのか（農耕をやっているのか）」と聞いたところ、使人は「ありません。深山の中にいて、大木の根元で寝起きしております」と答えたというが、これも明らかに事実に反する。というのは、蝦夷も一般の倭人と同じ形式の竪穴住居に住んでいたことが知られるからである。

むしろ平安時代に至るまで、倭人との相違として一貫して強調されたのは、身体的特徴よりも、心性に関することである。延暦20年（801）、征夷大将軍坂上田村麻呂はようやく胆沢地域の武力制圧に成功する。翌年、長年にわたって政府軍を苦しめてきた山道の蝦夷の族長であった阿弖流為《あてるい》と母礼《もれ》が投降してきたので、田村麻呂が引き連れて入京した。2人が処刑されることになったとき、田村麻呂は助命を嘆願するが、公卿たちは「野性獣心にして、反覆して定めなし」として強硬に反対し、結局2人とも河内国で処刑されてしまう。「野性獣心」とは、自然のままの荒々しい性質で、獣のような心

図2　岩手県二戸市長瀬C遺跡住居跡
隅丸方形カマド付きの竪穴住居、古墳文化圏と共通

をもつという意味で、だから心変わりして節操のない（「反覆して定めなし」）連中で、信用できないというのが、都の貴族の一致した見方であった。

また承和年間に陸奥国北部で騒擾が続き、不穏な情勢となるが、そのときの状況を伝えた史料の１つに「胆沢・多賀両城の間、異類延蔓し、控弦（武器をもった蝦夷）数千なり」（『続日本後紀』承和6年〈839〉4月丁丑条）とあって、蝦夷を「異類」と表現していることが注目される。「異類」とは、主に視覚から認知できる特性が異なるという意味合いの言葉のようで、容貌も含みうるが、それだけでなく身なりや習性など、いわば文化的な特徴の総体が倭人とは異なるグループと認識されていたのではないかと思われる。

以上、古代の文献史料に蝦夷の身体的特徴に関する記述を求めてみたが、結局、“多毛”に関する記述がわずかにみられる程度で、意外に少ないことが知られたと思われる。それに対して、「野性獣心」あるいは「野心」などのように、容貌よりも心性が異なることがしばしば強調されている。また「異類」という表現もあり、倭人からみて異文化集団と捉えられていたことが改めて確認できた。

3．蝦夷の生業について

最後に蝦夷の生業について取り上げてみたい。

『日本書紀』などの古代の文献では、蝦夷を狩猟民とする記述が少なくない。ところが、考古学的には、蝦夷の居住地においても隅丸方形・カマド付きの竪穴住居が広く分布し、また須恵器・土師器（北海道は擦文土器が主体であるが、それも土師器の影響を色濃く受けている）など、古墳～奈良・平安時代に一般的な土器が主体を占めるので、考古学界では、少なくとも東北北部の蝦夷は、基本的には

稲作を中心とした生業形態をとっており、倭人と大差はなかったとする見方が主流を占めている

ここでは、文献史学の立場から、もう一度蝦夷の生業について考えてみることにしたい。

まず、稲作に関わるものとしては「田夷」という呼称が、陸奥・出羽の蝦夷の記載にみられる。陸奥国では、天平2年（730）に陸奥国の田夷村に郡家を設置し、蝦夷を百姓（公民身分）とすることがみえ（『続日本紀』同年正月辛亥条）、その後しばしば遠田郡の蝦夷が「田夷」という呼称を冠してよばれるので、この記事は遠田郡の建郡記事とみられている。陸奥国では遠田郡を中心に、小田郡・牡鹿郡などの君（のちに「公」と表記）の姓をもつ蝦夷がとくに「田夷」とよばれていた。

一方、出羽国では延暦18年（799）に出羽国の「山夷」の禄を停止し、「山夷」「田夷」を問わず、有功者をえらんで禄を賜うことにしている（『日本後紀』同年3月壬子条）。この場合は、どの地域の蝦夷が「山夷」「田夷」とよばれたか明確ではない。ところが元慶の乱に関係する記事に、政府軍側についた「諸郡の田夷」を饗宴でもてなして慰労したということがみえるが（『日本三代実録』元慶5年8月14日庚寅条）、これは他の関係記事から雄勝・平鹿・山本3郡の俘囚（服属した蝦夷）のことであることが知られるので、出羽国でもやはり「田夷」とよばれたのは特定の郡の蝦夷に限られたとみてよいと思われる。

「田夷」は、禄の支給対象になっていることからみて、単に稲作を行っていた蝦夷の呼称ではなく、律令国家が定めた身分呼称とみるべきであろう。したがって、稲作を行っていた蝦夷が「田夷」に限られたわけではなく、もっと広汎に存在したとみてよい。「山夷」もまた、田を耕作せず、狩猟・馬飼などを生業とする蝦夷の一般的な

呼称ではなく、そのような蝦夷のうち、禄の対象となるような特定の蝦夷の身分呼称であろう。

古代国家は、蝦夷は農耕を知らない、未開で野蛮な狩猟民であると喧伝し続けたが、古代国家の残した文献史料の中には、かなり広汎な蝦夷が農耕を行っていたことを思わず吐露したものもみられる。たとえば、王臣（中央の貴族）や国司が蝦夷と馬などの交易を行うことを禁止した延暦6年（787）正月21日太政官符には、「無知の百姓、憲章を畏れず、この国家の貨を売り、彼の夷俘の物を買ふ。綿は既に賊（＝蝦夷）に襖冑《おうちゆう》（綿入れの軽装の甲《よろい》）を着せ、鉄は亦敵（＝蝦夷）に農器を造らしむ」とあり、蝦夷が交易によって王臣や国司から入手した鉄で農具を作っていたことを国家も知っていた（『類聚三代格』）。また延暦8年（789）の征東大将軍紀古佐美の朝廷への報告には「所謂胆沢は、水陸万頃にして（広い田畑があり）、蝦虜《えみし》存生《いきながら》へり」（『続日本紀』同年7月丁巳〈17日〉条）とあり、胆沢の蝦夷が稲作や畑作等の農耕を生業としていたことが語られている。これは考古学的な成果とも一致するもので、中央政府に服属していない蝦夷も、その多くが稲作を行っていたとみられる。

ただし、そうはいっても蝦夷の生業が倭人とまったく同じだったわけではなく、蝦夷独自の特色を有していた。とくに馬飼、すなわち馬の飼育は、蝦夷の文化を考えるうえでも重要な生業である。8世紀末から9世紀にかけて、蝦夷との馬の交易を禁止する法令が何度か出されている。延暦6年（787）には「王臣及び国司等、争ひて狄馬及び俘の奴婢を買ふ」ことを禁断しているが（『類聚三代格』同年正月21日官符）、「狄馬」とは蝦夷の飼っている馬のことである。また弘仁6年（815）には、貴族や富豪層が重要な軍事物資である馬を陸奥に使者をつかわして買いあさることをやめさせるために、陸奥の国外に馬を持ち出すことを禁止している（同書同年3月21日

図 3　岩手県宮古市山口館遺跡出土鋤先

官符)。同様の禁令が貞観 3 年（861）にも発布されている（同書同年 3 月 25 日官符）ことをみると、禁令はなかなか効果をあげることができなかったようである。

魏志倭人伝に「その地には牛・馬…無し」と記されているように、もともと日本列島では馬は飼育されていなかった。それが古墳時代中期の 5 世紀初頭に朝鮮半島から馬と馬具がもたらされると、列島内にまたたく間に馬飼と乗馬の風習がひろまっていった。奥州市中半入遺跡で 5 世紀末〜6 世紀初頭頃の馬の歯が出土しているので、列島に馬が伝来したほぼ 100 年後にはすでに蝦夷社会に馬が伝えられていたことになる。

いったん蝦夷社会に馬がもたらされると、馬飼は急速に蝦夷社会に定着し、重要な生業となっていった。おそらく東北地方の風土が馬の飼育に向いていたのであろう。既述のように、8 世紀末には蝦夷の地の馬が名馬として都まで知れわたるようになり、貴族たちは使者をしたてて買いあさるのである。

『日本書紀』などの古代の文献は、蝦夷は農耕を知らない狩猟民であるという主張を基調としている。これには華夷思想の影響を受けた国家の立場が濃厚に投影されていることは否定できない。そのため戦後の蝦夷研究では、文献史学・考古学ともに、蝦夷と狩猟の関

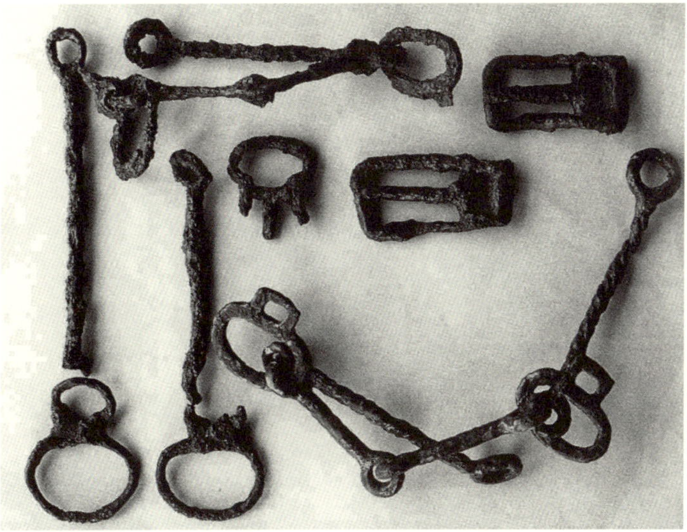

図4　岩手県北上市五条丸古墳群出土馬具

係については否定的な評価が大勢を占め、蝦夷を狩猟民とみる見方は、克服すべき古い歴史観とみなされてきた。それゆえに具体的な考察はほとんど行われてこなかったのである。しかしながら、改めて文献史料をみてみると、それらのすべてを国家の立場からする潤色として否定し去ってしまうことはできないと思われる。むしろ、蝦夷文化の独自性を再評価するという今日的観点からみて、蝦夷文化における狩猟の問題は積極的に評価すべきであると考える。

先にも取り上げた「伊吉連博徳書」によれば、斉明5年（659）の遣唐使が蝦夷の男女を同道して唐に行って皇帝に謁見した時に、皇帝が「その国（蝦夷の国）に五穀有りや」とたずねると、遣唐使の使者は「無し。肉を食いて存活《わたら》ふ」と答えたという。また、同じ時の記録である「難波吉士男人書」には、このとき蝦夷が「白鹿の皮一つ・弓三つ・箭八十」を皇帝に献上したことを伝える。これらは倭国の東方には倭人と異なる文化をもつ異族が存在しているということを唐に印象づけるための演出・誇張が感じられるが、それにしても蝦夷が狩猟文化と関係が深くなければ、このような演出をすること自体難しかったに違いない。さらに前節でふれた『通典』には、この時の蝦夷についてヒゲの長さが4尺もあったということに加えて、「尤《もつと》も弓矢を善くす。箭《や》を首に挿《さしはさ》み、人をして瓠《ひさご》を戴《いただ》きて立たしめ、四十歩《ぶ》にして之を射て、中《あた》らざること無し」と、弓矢の名手であったことが記されている。このような実録的な史料においても、蝦夷は狩猟を生業とし弓矢が得意であったことを伝えているのである。

さらに貞観18年（876）の太政官符には、蝦夷と狩猟との関係を考えるうえで興味深い記述がみえる。鎮守府では、ふだんの俘囚の食料を確保するためや、正月と5月の節会《せちえ》（節日の宴会）の機会に、俘囚に獣肉を供するために狩猟をさかんに行ってきたというのである（『類聚三代格』同年6月19日官符）。これは俘囚、すなわち服属した蝦夷が肉食を好んでいたことを示す史料であるが、それは蝦夷が日常的に狩猟を行っていたことを強く示唆するものである。少なくとも鎮守府の管轄地域（陸奥国北部）の蝦夷は、9世紀後半段階においても、狩猟の占める比重が倭人よりも大きかったとみてよいと思われる。

蝦夷の狩猟は、おそらく続縄文文化の系譜を引くものであり、その意味で北の文化ということができる。それに対して稲作や馬飼は古墳文化の北上とともに蝦夷社会にもたらされた（ただし稲作は弥生文化の段階にいちど受容している）もので、南から新たに取り入れた文化要素である。蝦夷社会のなかではこの2つの系統のものがしだいに融合していき、独自の文化を形成していったと考えられる。

その中でも蝦夷文化の特色をよく示すものが、北の系統の狩猟と南の系統の馬飼の融合である。

蝦夷は中央政府の領土拡張政策に対して頑強に抵抗をし、政府軍を苦しめた。蝦夷が高い戦闘能力をもっていたことは、古代の史料でもしばしば語られている。たとえば『続日本後紀』承和4年（837）2月辛丑条には「弓馬の戦闘は、夷《い》獠《りょう》（＝蝦夷）の生習にして、平民の十、その一に敵する能わず」とあって、蝦夷の戦闘能力が「平民」（一般の倭人）の兵士よりはるかに高いのは馬に乗って弓を射る技術に秀でているためであり、それは「生習」、すなわち生活しながら身につけたものとされている。要するに、蝦夷の高い戦闘能力は日常生活の中で自然に身につけたものなのである。日常生活の中で弓矢と乗馬の高度な技術を身につけられるというのは、狩猟と馬飼が蝦夷の重要な生業で、日頃から馬に乗って狩りを行っていたからにちがいない。蝦夷社会では狩猟と馬飼が融合して、倭人社会にはみられない独自の形態をとっていたことが想像される。それが騎馬戦法に秀でた優れた戦闘能力をつちかったのである。

蝦夷の重要な交易品としては、馬・毛皮・昆布などがあげられる。そのうち馬に関しては、既述のようにしばしば禁令が出ており、中央政府への貢納品としてばかりでなく、王臣家・国司などが中心となりながらも、ひろく一般の百姓も加わって盛んに交易が行われていたことが察せられる。また毛皮には羆《ひぐま》・葦鹿《あしか》・独犴《どつかん》（トッカリ＝アザラシか）などがあり、主に渡嶋（北海道）の蝦夷の交易品であったとみられる。これらの毛皮は貴族の奢侈品としての需要があり、やはり王臣家・国司などを中心として活発な交易が行われていたとみてよい。さらに昆布は主として太平洋側の陸奥の蝦夷の交易品であった。現在の昆布の生育の南限は、日本海側は道南、太平洋側は宮城県域であることから察して、当時も昆布は蝦夷から交易によって手に入れるしかなかったのである。

以上、蝦夷の生業についてみてきたが、その特色は、狩猟・漁撈・採集といった続縄文文化以来の伝統的なものを維持しながらも、稲作・馬飼といった南方の古墳文化系統のものを積極的に受容し、両者を融合させて、風土にあった独自の生業形態を作り上げたところにあるといえよう。

4．蝦夷文化の独自性

以上、古代の蝦夷とその文化について述べてきた。最後に、その文化がもつ独自性を再評価すべきことを訴えて、小論を終えることにしたい。

蝦夷とは、国家北縁部の未服属の人々を、古代国家が一括して把握した異族概念である。古代国家が残した文献では“未開で野蛮な狩猟民”であることが強調されている。実際には、北海道から東北中部にかけての多様な文化集団を含んでいた。

北海道の蝦夷は北の擦文文化を保持する人々であり、「渡嶋の蝦夷」とよばれた。一方、南限の東北地方中部・新潟県北部の蝦夷集団は、基本的には一般の倭人と同じ南の系統の文化をもっていたが、大化改新の段階に中央政府に服属していなかったために一括して「蝦夷」とよばれたのである。彼らは奈良時代の半ば頃までに律令国家の領域に取り込まれ、公民化されていった。

東北北部の蝦夷は、軍事的に中央政府にもっとも頑強に抵抗したばかりでなく、文化的にも南北両系統の文化を融合させた独自の蝦夷文化を発達させた。彼らは「夷語」とよばれるアイヌ語につながる系統の言語を用いながらも、稲作・馬飼など南方の倭人文化を積極的に取り入れていった。

考古学的にみても、この地域の蝦夷は土師器を用い、隅丸方形・カマド付きの竪穴住居に住むなど、南方の土師器文化を大幅に受容しながらも、倭人社会から受容した蕨手刀を族長の地位を示す威信財とし発達させ、古墳文化の影響を受けて「末期古墳」とよばれる小円墳を盛んに造るなど、南北両系統の文化を融合させた独自の生活文化を形成した。

図5　岩手県二戸市堀野古墳群出土蕨手刀

図6　末期古墳（岩手県矢巾町藤沢狄森３号墳）

古代の蝦夷は、北の続縄文文化をもった人々が南の古墳文化のさまざまな文化要素を積極的に取り入れて、この地域の自然環境に適応した独自の文化を築き上げた人々として、今こそ再評価されるべきであろう。

（熊谷公男）

彼らは何故「隼人」と呼ばれたか

――考古学の視点から――

1．畿内における共同幻想―「われわれ意識」の「内」と「外」―

(1)「われわれ」の前方後円墳

円形と方形の丘を組み合わせるという、決して単純ではない造形の前方後円墳は、列島弧において生み出された、世界史的に類を見ない独自の形式の墳墓である。最も数多く築造された円墳ではなく、とりわけ前方後円墳の存在に着目するのは、それを首長（王）の墓とし、その大きさは生前の権威・権力の大きさに比例する、とした仮説をもとにする。したがって、前方後円墳の大きさの変遷や築造の継続・断絶などは、首長が統轄する地域社会そのものの盛衰を表すものと理解する。

政治的・社会的要素をふまえ、最も狭義に捉えた場合、埋葬意識（本質的には「まつりごと」の具体的な形として人びとの前に示される）の共有の現れとして、北は岩手県の角塚古墳（奥州市胆沢区；旧胆沢町）から、南は鹿児島県大隅半島の塚崎古墳群（肝付町；旧高山町）の範囲に分布する。それは、裏を返せば、北は青森県や北海道、南は薩摩半島、屋久島・種子島など、前方後円墳が存在しない地域がある、ということである。

では、後に古代国家の中心となる畿内に拠点を置く豪族たちの視線は、列島弧とそこに居住する人びとをどのように捉えていたのだろうか。周辺には連合し得る豪族たちを見出したが、その関係の中も含めて、列島弧の隅々に（海の向こうにも）時に覇権を争う、緊張関係を伴う豪族たちも存在した。前方後円墳の共有をもって想念される「われわれ意識」は、「内」と「外」の緊張の中にある。これは、王としての支配権を及ぼす「王化」の「内」「外」とされる「化《け》内《ない》」「化外《けがい》」の概念より、民族意識や版図意識の形成として広い意味を持つ。ただし、共有するとしても、その関係が親和的であるか敵対的であるかは別の問題である。覇権を争う相手であっても、その共有においては「内」と認識される。問題は、その「外」と認識される対象との向き合い方である。

(2)「内」「外」の変遷（図 1）

『古事記』では、九州島を 4 つの面《おも》として捉える。筑紫国・肥国・豊国、そして熊曽国である。このうち、熊曽国は、どうやら前の三国とは異なっている。つまり、筑紫国・肥国・豊国は「内」にあり、熊曽国は「外」として認識された。だから、そこに居住する人々は「熊襲」と呼ばれた。考古学的には、弥生時代から古墳時代の成立期の「記憶」を留めるものだと見ることができる。そうであれ

図 1-1　「われわれ意識」の「内」「外」の変遷（～3 世紀後半）

ば、熊襲国は『三国志』魏志倭人伝に現れる、卑弥呼の女王国と対立する男王を擁する「狗奴国」に素直に結びつく。

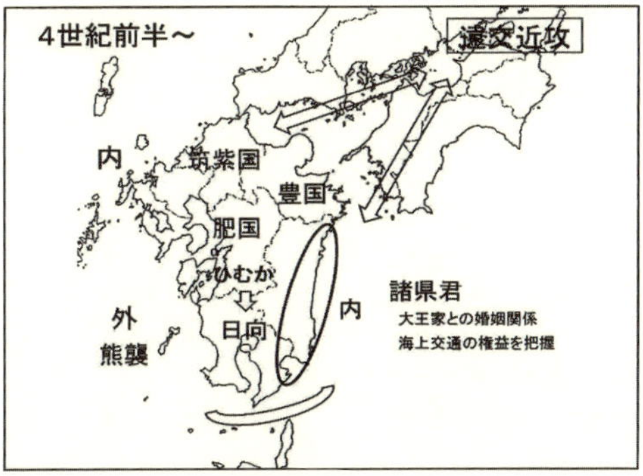

図 1-2　「われわれ意識」の「内」「外」の変遷（4 世紀前半～）

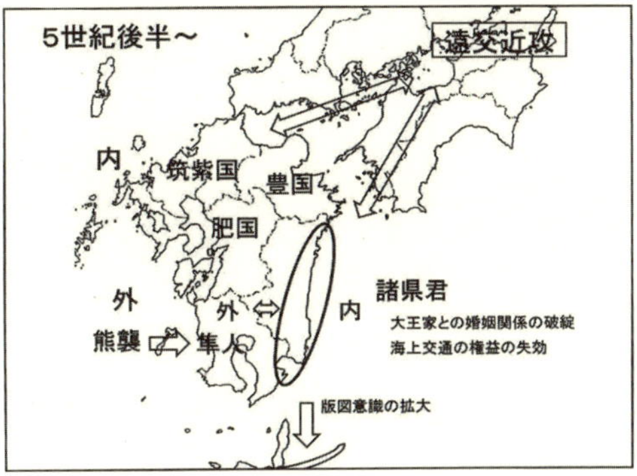

図 1-3　「われわれ意識」の「内」「外」の変遷（5 世紀後半～）

北部九州には、各所に前方後円墳が築造された。しかし、南九州での前方後円墳の存在は、宮崎県の日向灘を望む平野部を中心に、北から五ヶ瀬川流域の南《みなみ》方《かた》古墳群（延岡市）、小丸川流域の持田古墳群（高鍋町）、川南古墳群（川南町）、一ツ瀬川流域の西都《さいと》原《ばる》古墳群（西都市）、新《にゅう》田原《たばる》古墳群（新富町）、宮崎平野の中心を流れる大淀川流域の生目《いきめ》古墳群（宮崎市）、中流域の本庄古墳群（国富町）、さらに上流域の内陸都城盆地の牧ノ原古墳群（都城市高城町）、南下して鹿児島県の大隅半島肝属平野の唐仁《とうじん》古墳群（東串良町）、神《じん》領《りょう》古墳群（大崎町）など、決して広くはない地域に限定される。な

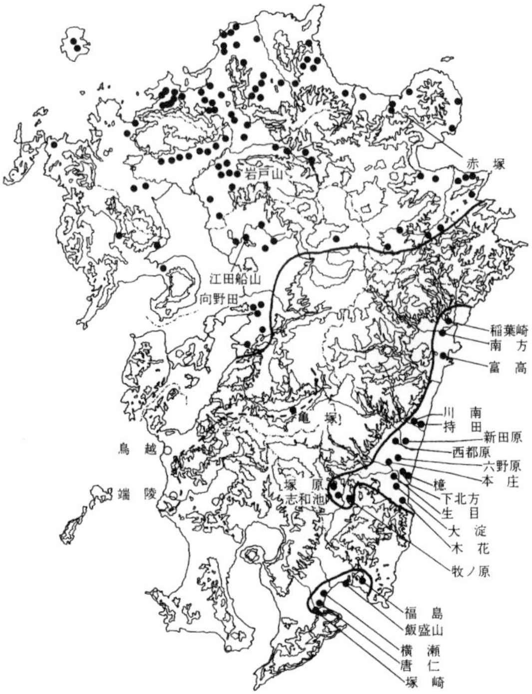

図 2　九州島における主な前方後円墳の分布

によりも、薩摩半島を含むそれ以外の地域は、前方後円墳の空白地帯である（図 2）。

その前方後円墳の分布する地域は、瀬戸内海から周防灘を経て、大分県の赤塚古墳（宇佐市）を始めとする前方後円墳を結びながら、畿内王権の「内」にあった豊国の延長上に認識された。3 世紀後半までその輪郭はおぼろげなものであったが、4 世紀前半には明確に自立的な「内」= 日向国として認識されるようになる。ただし、前方後円墳の空白地帯を含む、現在の宮崎県と鹿児島県（一部熊本県南部を含む）に及ぶ広大な古代日向の全体像は、畿内王権の側からは、必ずしも明瞭なものではなかった。

だが、少なくとも前方後円墳の分布する地域を「内」と認識したのは、海上交通の権益という畿内王権の実益から支持されたものであった。畿内王権が中国大陸や朝鮮半島に窓口を開くとき、海上の経路は瀬戸内海を経て、北部九州の関門海峡を通過するか、南下して南九州の南端を通過するかの２つの経路があった。なお、山越えで日本海側に経路を求めれば、出雲の存在も忘れることはできない。

九州島を巡る経路を考える時、関門海峡を通過する経路は、北部九州の豪族との関係が大きな難関として存在した。常に良好に、かつ安全にその経路は存在し得たのか。畿内の大王は、南九州の豪族と婚姻関係を結ぶことで、南九州を経由する経路を確保した。それは、同時に遠くの南九州と結び、近くの北部九州を牽制する「遠交近攻」の政治力学でもあった。南九州の豪族は、畿内以外の外戚の中で最も遠隔の地、かつ九州島唯一の外戚となったのである。

だが、5 世紀後半にはその婚姻関係に破綻が訪れ、南九州の豪族は外戚としての位置を失う。北部九州の筑紫国は、「われわれ意識」からすれば「内」であったが、6 世紀前半の「筑紫君磐井の乱」として激突し、畿内王権は覇権を争う磐井に勝利することで次の時代の扉を開くことができた。同時に、それは「内」意識の大きな転機でもあった。とりわけ海上交通の面からは、畿内王権が北部九州経由の経路を掌握することで、南九州経路の権益は失効し、南九州を遠隔辺境の地として「中央」から隔絶していくことになる。

急速に色褪せる「内」なる異領域（地域）となり、そこに改めて「朝貢」を行う「外」の存在として発見されたのが、まさに「隼人」であった。

2．「南九州型社会」と「畿内型社会」

(1) 南九州独自の歴史と文化

列島弧の歴史は、一括して語れるものではない。南北あるいは東西、気候風土等に根差した伝統性は、さらに小地域単位での固有な歴史を刻んでいる。ひとり南九州の歴史の独自性だけが際立っているわけではない。しかし、列島弧の歴史の平均値に閉じ込め、地域の歴史としての固有性を過小評価することとは別の問題である。また、出雲や吉備の地域性からは熊襲・隼人に至ることができないから、南九州の地域性を追求するのである。

旧石器時代では、素材とする石材の選択も含めて石器製作技術には、九州島全域に広がる技法（野岳型細石器）、北部九州に限定的な技法（福井型細石器）、東九州に限定的な技法（船野型細石器）、南九州に限定的な技法（畦原《うねわら》型細石器）など、その地域性が示されている。地域性が何に基づき、どのように萌芽し、形成されるのかを本源的に考えさせてくれる。

次の縄文時代では、より顕著な地域の在り方が姿を現す。代表する遺物の１つである土偶は、東北など東日本を中心に盛行するものの、九州島ことに南九州は土偶の空白地帯と言ってよい。縄文の早い段階で南九州南部の上野原遺跡（国分市）に素朴な土偶が誕生するが、その後は鳴りを潜め、再び九州島に土偶が登場するのは、後期に入ってのことである。上南部《かんなべ》遺跡（熊本市）で大量の土偶の出土が知られるが、阿蘇の外輪山を中心とした地域に爆発的な量産が見られ、その東の端にあたる陣内遺跡（高千穂町）に、宮崎県ではとんど唯一の土偶が現れるのみである。

さらに弥生時代には、ますますその固有な地域性は鮮明になる。

農耕という営みが加わり、その中から誕生する政治的社会は、地域性・地域相を複雑にしていく。九州島における初期稲作の開始を証拠づける遺構や、孔列文土器や大陸系磨製石器などと呼ばれる半島由来の遺物を出土する遺跡は、従来考えられていたように北部九州にのみ集中するのではなく、南九州にももう１つの集中が認められるようになった。それがより複雑な様相を伴うのは、水田による水稲あるいは畑作による陸稲への依存度の違いであり、その占める割合が、北部九州と南九州の歴史の色合いを異なるものとして彩っていく。また、北部九州に対する新たな核として、着実に成長したのが畿内であった。

水稲は、水田開発に伴う開拓や灌漑、水利権の調整などにおいて、土地と人間との関係を組織的な社会へと押し上げていく。それに対して、陸稲は畑作の延長線で受け入れられ、その経営単位も家族を中心とした､血縁関係の紐帯を強くした伝統的な社会を存続させた。

図３　花弁状間仕切り住居（ジオラマ、宮崎県立西都原考古博物館）
上右：検出時　上左：完掘時　下：復原上屋

水田開発が進む北部九州が水田7：畑3の弥生社会であったのに対して、火山地帯として火山灰台地が卓越し、水田可耕地が限られた南九州は、水田3：畑7の弥生社会であった。

そうした南九州の地域性を示すものの1つとして、「花弁状間仕切り住居」と呼んでいる独特の平面形を示す竪穴住居の存在がある。低平な屋根勾配が想定される住居の成立と定着・普及には、「台風銀座」とも言われる南九州の気候風土、具体的には強い風対策が大きな要因となった可能性がある（図3)。

さらに、鮮明なのは青銅器の存在についてである。畿内を中心とするのは銅鐸、北部九州を中心とするのは銅剣・銅鉾で、安永田遺跡（佐賀県鳥栖市）や吉野ヶ里遺跡（同吉野ヶ里町）など北部九州において数少ない銅鐸の発見が追加されても、畿内と北部九州とを分ける大きな様相に変わりはない。そして、南九州はその青銅器の空白地帯である。十点にも満たない「破鏡」(銅鏡の破片の縁を磨き、ペンダント等に加工し珍重した）や、鹿児島県の土橋遺跡（志布志市）の銅鉾、下鶴遺跡（伊佐市）の銅戈片を数えるにすぎないのだ。

とはいえ、閉鎖的社会を形作っていたわけではない。地域間交流を物語る瀬戸内系土器は、凹線文土器と呼ばれ、特に高坏形土器はワイングラスのような特徴的な器形と矢羽根形の透かし彫りを持つ出色の土器である。その存在は、南九州において中期後半から顕著になる。さらに、具象的あるいは抽象的絵画や文様を描く絵画土器は、分布の中心の1つを畿内とし、時期差を持ち、後期に入りもう1つの中心となる南九州で盛行する。

これらの土器の分布は、近年では南九州一円に広がりを持つことが認められるが、分布の濃淡は宮崎平野から肝属平野、内陸部は都城盆地を中心とする。これらの土器の存在は、南九州の平野部を中心とする地域が、「豊国」の延長上にあるものとして認識されていた

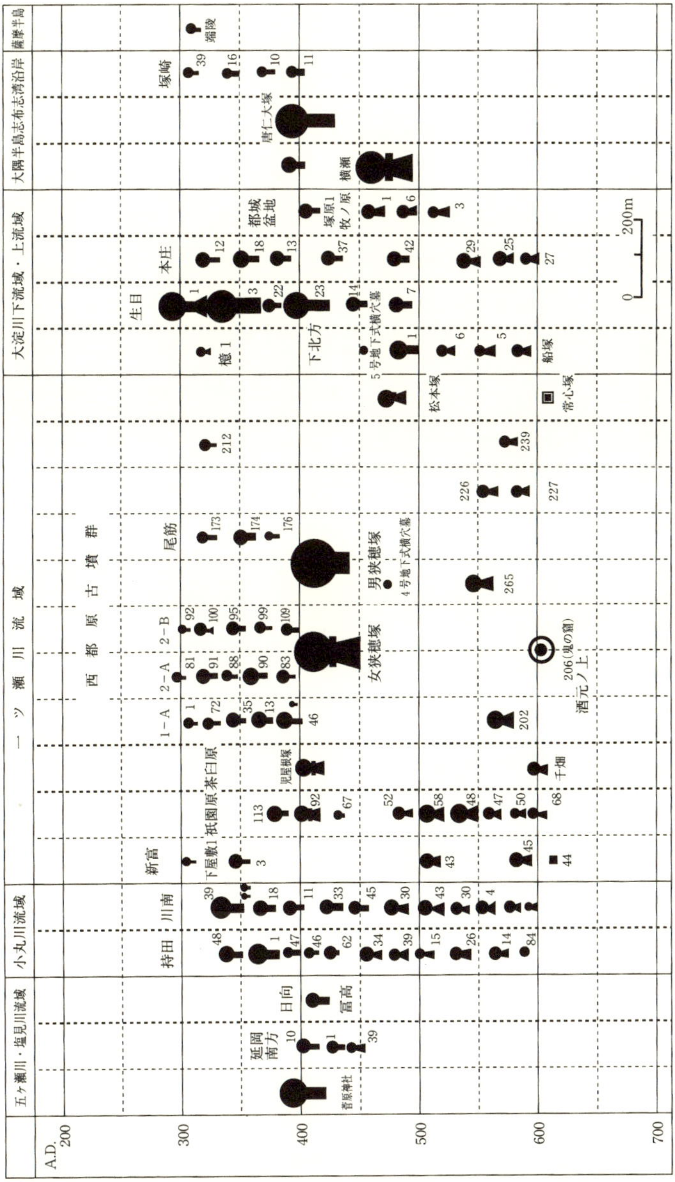

図 4　古代日向における首長墓の変遷

ことを知らせている。

(2) 首長墓の変遷（図 4）

南九州における古墳時代の研究は、わが国初めての本格的な古墳の発掘調査として学史に記される 1912（大正元）年からの西都原古墳群の発掘調査に始まる。そして、その成果が、永い間ほとんど唯一のものであった。当時の年代観から、南九州の古墳文化の始まりは 5 世紀初頭を大きく遡ることはない、という「後進」の烙印が押されることになった。今から数十年前まで、先進の「中央」と後進の「地方」といった歴史観による時間差が、何の検証もなく付与されて理解されてきた。

しかし、近年の西都原古墳群の整備に伴う発掘調査や、大隅半島の古墳群の発掘調査などによって、南九州の古墳時代像は変更を迫られることになった。定型化した前方後円墳の築造開始を箸墓古墳（奈良県桜井市）の 3 世紀半ばとすれば、ほとんど間髪をおかず南九州においても古墳時代の幕が開けられる。最も距離的に「中央」から離れた肝属平野の古墳群も含め、「中央」と「地方」に無前提に時間差を設ける必要はない。これもひとり南九州に限らず、列島弧の各地域が相互に密接に連動しながら、胎動するのである。

まず、巨大古墳を生み出したのは、大淀川流域の生目古墳群であった。1 号墳は 136 m、3 号墳は 143 m、22 号墳は 101 m と 3 世紀後半から 4 世紀代を通じて、九州島の中では他に見られない墳長 100 m 超えの前方後円墳を生み出していく。

その頃、宮崎県下の古墳の三分の一が集中する一ツ瀬川流域の西都原古墳群では、3 世紀後半に墳長 53 m の 81 号墳などから築造が始まり、4 世紀代を通じて墳長 96 m の 90 号墳を最大、墳長 37 m の 56 号墳を最小として、すべて墳長 100 m 以下の前方後円墳が築造されているにすぎない。

一方では、生目古墳群では1系列の首長墓系譜を辿ることができるのに対して、西都原古墳群では主要部分（60 m 台の台地上）で3系列、周辺支群を含めれば5系列以上の首長墓系譜の「集合墓域」として、311 基の1割 31 基が前方後円墳（帆立貝形古墳の男狭穂塚も含む）という高い密度を形成する点で対照的である。

そして、5世紀に入ると、一転して生目古墳群の前方後円墳は縮小し、西都原古墳群に巨大古墳が築造される。生目古墳群を生み出した大淀川流域の宮崎平野が、その後も古代日向の中核として育ち得なかったのは、河川の管理と平野部の開拓が思うに任せなかったところに原因があった。

ともに陵墓参考地に治定されている、男狭穂《おさほ》塚は列島弧最大規模の帆立貝形古墳、女狭穂《めさほ》塚は九州最大規模（列島弧 48 位）の前方後円墳である。墳長 176 m の女狭穂塚は畿内の大王陵と同一規格の前方後円墳で、墳長約 290 m の仲津山古墳（大阪府藤井寺市）を 60％縮小した相似形を示す。それに対して、男狭穂塚は「前方部」とされる部分が不整形で、前方部が細く長い「柄鏡形」

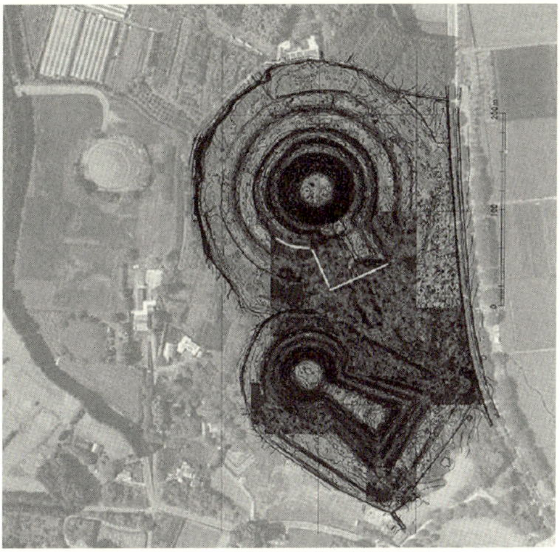

図5　男狭穂塚・女狭穂塚の地中レーダーと推定復元

前方後円墳が、女狭穂塚築造に際して削平されたためなどと推論されることが多かったが、墳長176 mの帆立貝形古墳であることが確認された。「前方部」長44 mの3倍の「後円部」径132 mという数字が示す規格は、幾種類かに分類される帆立貝形古墳の規格の1つに一致する。いずれにしても両巨大古墳は、墳形を定型的な前方後円墳と特殊形である帆立貝形と異にしても、同規模に築造されていたのである（図5)。

しかし、西都原古墳群は、この5世紀前半の2基の巨大古墳を最後に、前方後円墳の築造を停止する。代わって5世紀後半から密度高く築造されるのは、南九州独自の在地墓制である地下式横穴墓である。座布団のように低平な円形の墳丘や古墳の円墳に相当する墳丘を有するものも築造され、279基の円墳のほとんどは、埋葬主体部を地下式横穴墓とすると見られる。

それと代わってこの時期に、前方後円墳を盛んに築造するのは、一ツ瀬川対岸の新田原古墳群である。継体天皇の真陵とされる今城《いましろ》塚《づか》（大阪府高槻市）と共通する埴輪祭祀を有する百足《むかで》塚の存在が現すように、畿内王権の変革と連動して、古代日向の再編が行われたことがうかがわれる。

また、南端の大隅半島においても5世紀代から巨大古墳が築造されることなどは、先に触れた海上交通の権益の管理に直接関わった豪族の存在を考えたい。

そして、こうした南九州の前方後円墳の変遷は、後に述べる『古事記』『日本書紀』の世界と整合性を持つのである。

(3) 在地墓制の世界

列島弧の他の地域では見られない南九州独自の在地墓制が誕生する。東側の宮崎平野からえびの盆地・鹿児島県大口盆地（一部熊本県人吉盆地)、南下して都城盆地から肝属平野にかけて分布する「地下式横穴墓」、西側の熊本県南部から鹿児島県北部を中心に、大口盆地・えびの盆地に広がりを見せる「地下式板石積石室墓」、薩摩半島南部に限定される「立石土壙墓」(定義については再考が必要)である。その他の錦江湾岸や宮崎県北部の地域も、もちろん無住の地というわけではなく、亀甲遺跡（国分市）で見られる素朴かつ基本的な「土壙墓」が営まれていた。このような土壙墓は、大萩遺跡（小林市野尻町）や日守地下式横穴墓群（高原町）などでも、地下式横穴墓との併存が確認されている。

これらの在地墓制は、前史をなす弥生時代に起源、あるいはその伝統を引き継ぐ墓制である。しかし、まったく孤立的に誕生したのではない。地下式板石積石室墓は、弥生時代の板石による石棺墓に起源し、地下式横穴墓は、4世紀代の蕨遺跡（えびの市）で確認された横口式土壙墓と、地下式板石積石室墓が融合し、半島に起源する横穴式石室系の墓制に触発されながら5世紀前半に誕生した。この両者は、副葬品の保有について、地下式板石積石室墓に比して地下式横穴墓の方が、多量の武器・武具類や農工具などの鉄製品、馬具類、貝輪や玉類などの装飾品類、鏡なども含めて、相対的に豊富である点が指摘される。

なお、地下式横穴墓誕生の有力な候補地は、内陸部のえびの盆地であるが、近年生目古墳群で指摘されるように、間髪を入れず宮崎平野や肝属平野にも展開したと見られる。さらに、列島弧に展開する丘陵腹部に横位に玄室を穿つ「横穴墓」は、こうした地下式横穴墓の成立と半島由来の横穴系の墓制の影響も受けながら、上ノ原横穴墓群（大分県）や竹並横穴墓群（福岡県）など北部九州の周防灘沿岸に成立した。

こうした地下式横穴墓の世界は、5つの地域に括ることができる。

平野部では、宮崎平野と肝属平野を中心とする2地域、内陸部では、都城盆地、小林盆地、えびの・大口盆地を中心とする3地域である。平野部の2地域は、前方後円墳と共存する地域であり、地下式横穴墓の構造上では奥行きの長い妻入り形が特徴的で、中には前方後円墳と遜色ない副葬品を有するものも存在する。それに対して、内陸部の3地域は、都城盆地を除いて前方後円墳が存在せず、円墳が見られても地下式横穴墓の墳丘としてのものである。

さらに内陸部の在り方には、小地域の地下式横穴墓群ごとに自律的・独立的傾向を見ることができる。副葬品の保有の在り方を詳細に見ていくと、たとえば島之内地下式横穴墓群（えびの市）では甲冑類の豊富な副葬が認められ、馬頭地下式横穴墓群（同）では馬具類の副葬が目につくなど、群単位や小地域単位で、副葬品の保有の在り方や地下式横穴墓の構造そのもの自体においても独自性が見られる。なお、このような豊富な鉄製品の存在は、畿内王権からの下賜品と見る見方があるが、海上交通の権益に対する代償として南九州の手にもたらされたものと考えることができる。

被葬者そのものに迫る、これまで確認された600体に及ぶ地下式横穴墓出土の古人骨の存在から、在地系の低顔（目の位置が低い）と渡来系の高顔（目の位置が高い）の大きく2つの形質の違いを見出すことは可能である。前者は内陸部、後者は平野部を中心とする傾向を見るとしても、前方後円墳などの古墳出土の人骨資料を欠くことから、北部九州との関係も含めて形質的な検討はさらに蓄積を必要とする。また、親族構造の面からは、北部九州で見られる家長としての男性の初葬に始まり、配偶者を追葬しない造墓ではなく、女性初葬に始まり、兄妹の関係による追葬も行われる造墓が認められ、習慣・習俗や生業形態の違いを反映した社会組織が想定される。

その一方で、西都原4号地下式横穴墓（西都市）や下北方5号地

図6　西都原４号地下式横穴墓
上：111号墳丘下の地下式横穴墓　下：玄室内部

下式横穴墓（宮崎市）などのように基本的な直刀・鉄鏃などの武器類はもとより、甲冑を始めとする武具類や玉類などの装身具類など、豊富な副葬品を所有する地下式横穴墓の存在が知られ、それらが比較的大きな円墳下に築造されていることなども理解された（図6）。また、六《むつ》野《の》原《ばる》地下式横穴墓群（国富町）、猪塚《いのつか》古墳（同）、生目古墳群などで、首長墓としての前方後円墳を墳丘とする地下式横穴墓が認められるに至り、畿内の大王を頂点とする支配体系の中で、地域支配の頂点に立ち、畿内の大王と連合し得るような首長クラスもその奥津城として地下式横穴墓を採用することが認識されるのである。

　こうしたことから、畿内を大王が頂点に立つ大きなピラミッド形

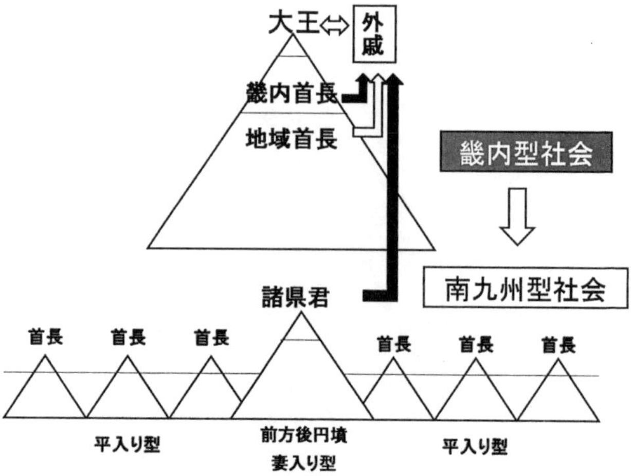

図7　「南九州型社会」と「畿内型社会」

の社会の構築を目指した「畿内型社会」とすれば、南九州は平野部でやや大きなピラミッド形の社会が構成されたが、その平野部も基底では同様に、内陸部で小地域・群単位ごとに首長を戴くとしても、ピラミッド的ではない社会を構成し、横並びのそれらにあたかも横串を刺すように同盟が形作られる、「南九州型社会」と定義することができる（図7）。

3．『古事記』『日本書紀』にあらわれた古代日向

日向神話は、瓊瓊杵尊《ににぎのみこと》の天孫降臨と木花開耶姫《このはなのさくやひめ》との婚姻譚を中心とする。一夜での懐妊を疑う瓊瓊杵尊に対して木花開耶姫は、本当の子供でなければ無事生まれることはないであろうと、入口を塞いだ産屋「無戸室《うつむろ》」に火を放ち、3人の皇子を無事出産する。一人が隼人の始祖とされる火闌降命《ほのすそりのみこと》（海幸彦）、一人が神武天皇の祖父と

なる彦火火出見《ひこほほでみ》尊《のみこと》（山幸彦）である。そして、何故か今一人火明《ほのあかり》命《のみこと》は日向に直接縁のない尾張《おわり》連《のむらじ》の始祖とされる。また、神武天皇が日向で吾平津媛《あいらつひめ》との間にもうけた手研耳《たぎしみみ》命《のみこと》を、橿原宮で即位した後迎えた出雲系の皇后との間に誕生した神淳名川耳《かむぬなかわみみ》尊《のみこと》が殺害し、第2代綏靖《すいぜい》天皇として即位している。

こうした日向神話の構図は、次のような4世紀代以降の歴史を反映すると見られる『記・紀』に記された構図と、写し絵のように重なる（図8）。

古代日向の豪族との密接な婚姻関係は、4世紀初頭の景行天皇に始まる。景行は多くの妃を得て、その間に設けた皇子たちを各地域の国造の始祖として配した。日向からは日向髪長大田根と御刀媛《みはかしひめ》が妃となり、御刀媛との間に生まれた「豊国別皇子《とよくにわけのみこ》」が日向国造の始祖とされる。この「豊国」から「別ける」とする名こそ、冒頭に記した畿内から見て豊国の延長上に見出されていた古代日向の位置を示していよう。したがって、豊国別皇子は、4世紀代に巨大古墳を生み出した、生目古墳群の被葬者として想定される。

引き続き仁徳天皇の妃となったのは、古代日向の代表権者たる諸《もろ》県君《かたのきみ》牛諸井《うしもろい》の娘髪長媛である。この二人は、最も重要な人物として認識しておきたい。何故なら、髪長媛の子大草香皇子《おおくさかのみこ》とその子眉《まゆ》輪王《わのおおきみ》は、安康天皇と雄略天皇との間で、血で血を洗う争いを演ずることになり、その結末は日向系の皇族が断絶し、また畿内王権自体の継承も弱体化し、継体天皇の登場を将来することにもつながる、5世紀後半の大きな転換期となっていくからである。

このことは、仁徳天皇を瓊瓊杵尊、髪長媛を木花開耶姫、諸県君牛諸井を大山祇神《おおやまつみのかみ》に重ねれば、神武天皇の跡を継ぎ日向系の天皇が誕生しなかったことと重なってくる。かつ、西都原古墳群における前方後円墳の築造停止の意味でもある。そして、男狭穂塚は諸県

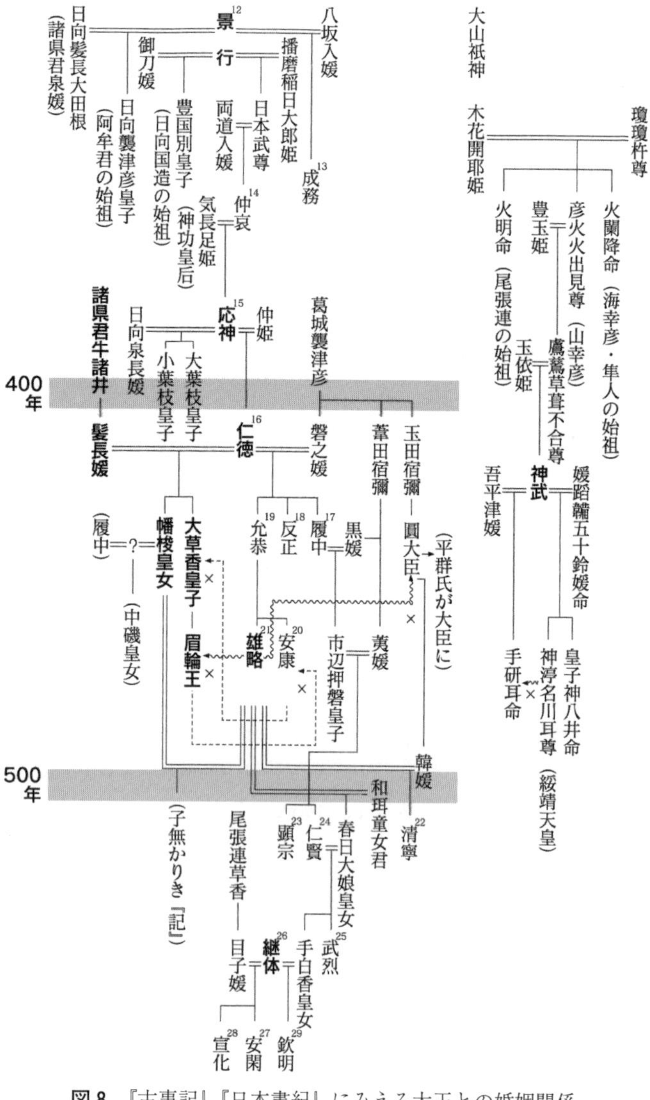

図 8　『古事記』『日本書紀』にみえる大王との婚姻関係

君牛諸井、女狭穂塚は髪長媛が、被葬者として想定されるのである。

その後、応神天皇五世の孫として天皇位についたのが、継体天皇であった。継体は、北部九州の雄磐井《いわい》を討ち破り、古代天皇制国家への覇権を掌握した。政治的再編の中で、葛城氏から平群氏へ、瓊瓊杵尊の3子の一人を尾張連の始祖とすることと重なるように、地域豪族の外戚として日向の豪族に代わり尾張連が新たに登場するなど、6世紀前半に大きく舵を切ったのである。

これら『記・紀』の記述は、歴史的事実を示している。

4．古代日向の解体と隼人

火山灰台地が卓越し、生産基盤の弱い南九州は、何によってその不足を補ったのであろうか。

近年、馬埋葬土壙の存在が多く確認され、推古天皇が蘇我馬子を讃える例とした「馬ならば日向の駒」に表される最上の馬生産や、『延喜式』に表れる肥前（佐賀・長崎）と同数の牛牧3・馬牧3という列島弧最多の牧の存在を裏づけるものとなっている。なお、地下式横穴墓から出土した歯の著しい摩耗を示す人骨は、「皮なめし」を行っていたと指摘されている。歯の摩耗に現れるなめしは小型の皮革製品を製作するものであったろうが、平城宮木簡に見る713（和銅6）年前後の「日向国牛皮四張」など、大型製品を産していたことが知られ、こうした諸資料の指し示すところは、古代日向が有数の畜産王国であったことである。

そして、その地理的位置から大陸・半島、そして南島へ経路が開かれていたため、古代日向のめざすものは、その海上交通の権益を掌握することであった。弥生時代から注目されたのは「貝の道」である。琉球諸島周辺で採取される大型の珍しい貝は、貝輪などの装飾品に加工されて珍重された。イモガイは、遠く北海道有珠モシリ遺跡や、半島にももたらされている。南西諸島を経由した貝は、南九州の西側薩摩半島を北上し流通した。しかし、古墳時代に入るとその経路に変化が生じ、南九州の東側大隅半島の経路が新たに開拓される。いずれの場合も南九州を経由するこうした海上交通の権益は、古代日向に独自の力を与えるものともなった。

そして、思い出される『日本書紀』の応神天皇の件がある。諸県君牛諸井が娘の髪長媛を天皇の妃へと申し出る場面である。天皇が淡路島の沖で狩りをした時、数十の牡鹿が海の上に浮かんで進んでいた。何かと使者に確かめさせると、角のついた鹿皮を纏った牛諸井の一軍であった。瀬戸内海を航海する水軍であり、またその出で立ちは狩猟民のものである。海と山に依拠した南九州の覇者たる諸県君の性格を具体的に表すものである。

この古代日向が有した海上交通の権益は、遣唐使の時代において最後の炎が明りを増すように鮮明になる。遣唐使の経路は、唐と新羅の関係が保たれていた時期（630～665年）は朝鮮半島西岸を経由し、山東半島に至る経路が採用されていた。しかし、新羅が唐勢力を排除した時から、朝鮮半島を経由することができず、南島路が採用された（702～752年）。大宰府が機能する北部九州北回り経路は確保されていたが、南九州の薩摩半島や南西諸島を経由しながら、東シナ海を横断し、大陸江南に至る経路は、かつては諸県君が有してきた権益であった。

その時、律令国家のとった道は、現在の宮崎県から鹿児島県に及ぶ広域の古代日向を分割・解体することであり、702（大宝2）年には薩摩国が、713（和銅6）年には大隅国が分置され、諸県君が拠点とした日向国は薩摩半島および大隅半島の良港を失い、畿内の直接的な管理下に置かれた。この時期、支配の対象として発見されていったのが、まさに「隼人」であり、大隅国の錦江湾を望む地域に包囲網が狭まる中、最後の「隼人の乱」が勃発する。720（養老4）年、その年はまた『日本書紀』が完成した年でもあった。

南九州に設置された三野城（西都市）や稲積城（霧島市）といった古代山城は、北部九州の大野城（大野城市）などの古代山城が、唐・新羅といった大陸・半島に備えたのに対し、隼人に備えたものと見られる。「薩摩比売《ひめ》」と呼ばれた武装する女性首長の存在は、地下式横穴墓に見られる女性への武器副葬からうかがうことのできる女性軍団の在り方を示すものでもある。そして、隼人が先鋒を務めた740（天平12）年の藤原広嗣の乱においては、通訳が必要であったとの記述からも、南九州に特有の言語が生まれていたことを示している。やがて、805（延暦24）年を最後に、文献上から隼人は姿を消すことになる。

平城宮（奈良県奈良市）で発見された隼人楯の「赤白土墨を以って鉤を畫く」と『延喜式』に記載されたその図案は、海幸・山幸に因む釣り針に由来するとされる（図9）。合計16枚相当が確認された中で、全体形が良好な8枚の楯の背面には、落書きが見られる。墨書で「海」や「山」、刀子（小刀）の先で引っ掻くように書かれた「～者近水～」などの文字や、鳥・魚を具象的に描いた落書き

図9　隼人楯（レプリカ、宮崎県立西都原考古博物館）

は、隼人が宮廷の警護についていた時期、まさに海幸・山幸の神話的世界が同時代の中に、まだ息づいていたことを知らせている。

しかし、発見されたのは平城宮の片隅の井戸枠として、である。隼人楯が井戸枠に転用されたその時、隼人存在そのものの風化も決定的であった。

5．新たな「隼人」論に向けて

(1)「隼人」論の隘路《あいろ》

かつて、喜田貞吉は「彼等は風俗を異にし、容貌を異にし、言語を異にし、而して特に奈良朝の人士によりて、なほ明か《ママ》に異族として認められたりしなり」と記した（喜田 1973）。ここで重要なのは、風俗・容貌・言語の差異の落差が大きいか小さいかは問題ではなく、畿内の側の目から主観的に「異族」とされているところである。

だが、乙益重隆が次のように述べる（乙益 1970）ところから、違和感が生じる。「熊襲や隼人はインドネシヤ系の渡来民族とするむきもあった」が、「人類学・考古学の研究成果によると、彼らも蝦夷の場合と同様、あきらかに日本人以外の何ものでもない」とし、異民族視され、差別された「大きな理由は彼らの居住地域があまりにも隔絶し、孤立した文化と社会生活を有したこと」とその歴史実態に結びつけるところである。そもそも「日本人」との定義自体が問われなければならない。

また、上村俊雄も「劣悪な地理的条件」から「海岸部の小平野や山間部の小盆地に孤立分散して居住」する歴史実態をあげ、「それぞれの地域の中でさらに小さな孤立した閉鎖的な社会を生み、原始共同体的段階に止まらざるを得なかった」とし、それが「政治的に統合する政治権力を生み出すことができなかった原因であり、それぞれの独自の文化を形成した原因」とする。加えて「他の地域から移住してきた異民族ではなく」「南九州に居住していた人びとの子孫」として、さらに地下式横穴墓などの「南九州独特の墓制を営んだものが、熊襲・隼人とよばれた人びと」であったと直接的に結びつけ、「小部族からなる部族社会の段階に停滞」し、「隼人の原始共同体社会と畿内型高塚古墳文化をもたらし隼人を支配した権力社会」の「二重構造の社会」（上村 1984）とする時、やはり違和感が生じる。

独自の文化が形成されたことと、閉鎖的であること、それを原始共同体的段階とすること、統合する政治権力が生み出されなかったこととは同じではない。必要なのは「停滞」といった優劣的基準によって裁断するのではなく、固有であり・独自の原理によって構成された社会、「南九州型社会」を認定することである。

(2) 隼人が問う日本のかたち

『記・紀』などからうかがえる熊襲・隼人の変遷はおおよそ次の通りである。

景行天皇の代に征伐の対象として「熊襲」が登場し、神功皇后まで少ないながら記事が記され、その後消息を絶つ。「隼人」については、日向神話の「海幸」を「隼人の始祖」とする記事を除いて、履中天皇の代に近習《きんじゅう》隼人（近く習《つか》へたる隼人）が登場し、7世紀半ばまで「蝦夷」とともに記事が散見される。

次に具体的に隼人が登場するのは、天武天皇の代、682（天武 11）年の朝貢の記事からで、大隅・阿多の隼人が相撲をとる儀式を行ったことなども示され、次いで持統天皇の代には牛皮六枚・鹿皮五十枚などを献上する記事も見られる。その中で兵部省「隼人司」という儀礼・警護の組織が位置づけられていたことを知ることができる。そして、『続日本紀』に見える 720（養老 4）年の最後の「隼人の乱」、さらに『日本後紀』に見える805（延暦24）年の「風俗歌舞」の奏上の記事をもって隼人の文字は文献上から消える。

この7世紀半ばまでの熊襲・隼人に関する記述を「造作」されたものとし、「隼人」とは7世紀後半から120年余り古代天皇制下で朝貢を行った、薩摩半島および大隅半島の一部地域の集団の「一種の身分制度上の呼称」であり、「擬似民族集団」とする永山修一の見解（永山2009）に、傍点について若干ニュアンスを異にするが、筆者は基本的に同意する。

しかし、こうした限定された時期の存在であることから、古墳時代と隼人を結びつけることはできないとして、考古学の立場からは隼人は問えない（論究できない）、とする声があることには、先の「南九州の歴史実態＝熊襲・隼人」とする見解に対するものとは逆の違和感を覚える。

むしろ、7世紀半ばまでの記述の「造作」にこそ、冒頭に述べたように畿内王権の「記憶」と「記録」が埋め込まれていると評価する。そして、前史をなす弥生時代から古墳時代に至る、南九州全体の歴史実態（墓制・伝統文化・生業形態など）に見る「中央」との差異を基礎として、「異民族視（異化）」された構造（「南九州型社会」と「畿内型社会」の在り方）を明らかにし、古代天皇制国家の成立とその支配原理、その後の「日本」という国のかたちを問いたいと思う。

かつて、熊襲・隼人の存在を、列島弧「最初」の民族問題とした（北郷1994）。「虚構」であれ何であれ、異民族として見なされたその瞬間に、それは実態となるのだ。つまりは「擬似」的であること、「一部」に止まらず自在に対象は拡大・縮小することこそが、民族問題の本質として捉えられるべきである。「民族」を定義する様々な要素を、形質・出自・言語・習俗・宗教などに求めるとしても、これら実態的と見なされる要素が紡ぎだす無形の意識、すなわち同属あるいは帰属という「われわれ意識」の「共同幻想」を直視したい。

また、異民族視という表現には、差別的ニュアンスが付きまとう。しかし、異なる民族を異なる民族として認めることは、「自決」を相互に認め合うことで、本来的に差別と等号《イコール》で結ばれるものではない。「差別」とは、「正当な理由なく劣ったものとして不当に扱うこと」（『広辞苑』）とあるが、そもそも差別が正当化される「正当な理由」などあるのか。差別は、常に「不当」な謂れのないものではないか。自己と他者、あるいは「われら」と「かれら」を分ける「われわれ意識」の「内」と「外」にこそ、差別の根源は潜んでいる。

南九州の固有な地域性は、古代に及ばず、中世には島津氏に特有の「外城《とじょう》制」や、幕末には自立・独立性の高い「薩摩国」の存在として現れ、連綿とその歴史を繋ぐのである。現在の「日本」という国家の枠組みの中で列島弧を見渡し、時間軸を取り払えば、北にはアイヌ民族、南には琉球国家、そして南九州には「南九州型社会」（「東北」「東国」「山陰」などの類型も想定しつつ）があった。

そして、隼人という存在が問われているのではなく、隼人が日本という国のかたちを問うているのである。

（北郷泰道）

古人骨からみた東北古代人

1．描写された古代蝦夷の「実像」

日本における歴史区分上の古代とは、通常は6～12世紀あたりまでがその範囲に含まれるが、ここでは6～10世紀にかけて、すなわち古墳時代終末期から平安時代前期までを対象とする（したがって、平安時代後期の奥州藤原氏四代などについては今回は触れない）。この時期に東北地方に居住していた蝦夷《えみし》の姿や容貌については、別に熊谷公男の論考でも紹介されているが、ごくわずかながら文献にも記載が認められている。しかし、その記録は著しい特徴を持った特定の人物のみを抽出して取り上げている可能性があり、誇張した表現であったことは否めない。

図1　『聖徳太子絵伝』に描かれた最古の「蝦夷」の姿

そもそも古代に

製作された絵画や彫像などにおいて、蝦夷を表現したとされるものは、現存する限りの作品では確認されていない。蝦夷の姿を描いた最古の作品は、鎌倉時代末の『聖徳太子絵伝』(茨城県上宮寺蔵)である(図1)。このほかにも、1517年完成の土佐光信筆とされる『清水寺縁起絵巻』(東京国立博物館蔵)など、中世の絵巻物にいくつかその姿を認めることがあるが、これらはいずれも後世に作られたものであるため、当然古代の蝦夷を直接描写したわけではない。参考となった図画ないしモデルが存在した可能性はあるが、中には伝聞情報と想像力を駆使して、蝦夷を人間離れした異形の者として描いている場合もある。また、茨城県鹿島神宮には、平安時代初頭に征夷大将軍・坂上田村麻呂の朝廷軍と闘った蝦夷の頭領・アテルイの容貌を模したと伝えられる『悪路王《あくろおう》首像』なる木像もあるが、これもずっと後の江戸時代の作である。

いずれにしても、実際に古代東北の地で生きていた人々の容貌や身体的特徴について知るには、文献や後世の絵画・彫刻作品のみからでは限界がある。当時の墓などの遺跡から出土する古人骨を通じて情報を得る以外に、もはや方法はない。

2．1970年代までの古代蝦夷の系統論争

発掘調査により考古学資料が蓄積し、実証的かつ科学的な研究が可能になる1970年代まで、古代蝦夷の系統をめぐっては2つの学説が論争を巻き起こしていた。1つは江戸時代から唱えられていた「蝦夷アイヌ説(異民族説)」で、古代蝦夷の由来を北海道アイヌに求めようとする立場で、これは戦前まで有力な学説であった。それに対し、戦後には「蝦夷非アイヌ説(辺民説)」が提唱され、東北地方に住む和人の形質を持った者たち(辺民)が、中央政権によって

蝦夷として認識されるようになったとの考え方が示された。これは古代蝦夷をアイヌではなく、和人と見なすもので、前者の学説と真っ向から対立することになった。

ところが、これらの論争には3つの大きな問題点があった。1つ目は、考古学的情報やエスニシティといった文化・社会的側面と、人間の解剖学的特徴などの生物学的側面（かつては「人種」として認識されたこともあったが、定義の曖昧さや差別回避の立場から現在の人類学では死語となりつつある）とを混同させた議論がまかり通っていたこと。2つ目は、古代の蝦夷の系統を近世以降のアイヌか和人に求めようとする、逆転した時系列での論理展開であり、しかも二者択一的選択肢の下で議論されていたこと。そして3つ目は、東北地方において古代人骨の出土例そのものが当時は極めて限られており（青森県東通町泊洞窟など）、あまり実証的な展開ができなかったということである。また、熊谷の指摘にもあるように、「蝦夷」という言葉自体には極めて多面的な意味が内包されており、時代や地域によってその使われるニュアンスは多様性に富んでいた。

これらの点を吟味することなく展開された当時の古代蝦夷系統論には、当然ながら限界があった。この論考では、そのような背景を配慮した上で、古人骨の形態的特徴の分析に根差した形質人類学の立場から、東北古代人の位置づけとその生活史について考えてみたい。なお、本稿では、文化的・社会的属性の意味を多分に含んだ「蝦夷」という用語下での議論は、極力控える立場をとる。

3．東北地方における古代の墓制

それでは、実際に古人骨が出土している東北地方の古代墓にはいかなるものがあるのだろうか。古墳時代前期から中期に該当する

4～6 世紀には、西日本に起源を持つ前方後円墳が東北南部にも数多く造営され、北限は岩手県奥州市（旧胆沢町）の角塚古墳にまで分布域を広げるようになる。しかしこれとは別に、3～6 世紀の東北北部では、土坑墓と考えられる遺構群の存在が各地で確認されており、中には副葬品として北海道の続縄文時代後半の土器（後北式土器）を納めた例も知られている。

また、6 世紀に至ると、箱式石棺や横穴式石室を有する後期古墳や、崖の壁を穿って玄室を形成する横穴墓が東北南部にも造られ、横穴墓は 8 世紀から場合によっては 9 世紀初頭ぐらいまで祭祀が継続されるものもある。これと並行して、仙台平野や日本海側の飛島《とびしま》では海蝕洞窟を利用した埋葬も行われているが、これについては後述する。さらに 7～10 世紀の東北北部では、すでに東北地方以西では下火となっている高塚古墳に似て非なる「終末期古墳」が築かれ、

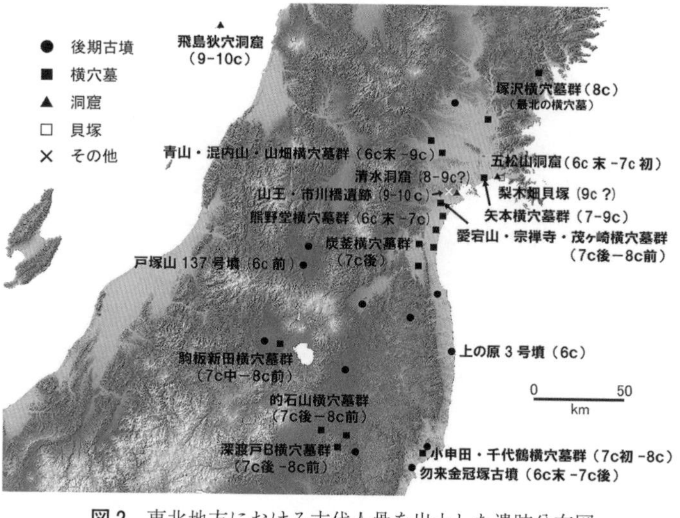

図 2　東北地方における古代人骨を出土した遺跡分布図

北上川流域を主たる分布域とするようになる。

このように、古代の東北地方では北部と南部とでそれぞれ様相が異なる墓が分布しているが、実際に保存状況の良好な古人骨が出土するのは、もっぱら東北南部における6世紀以降の後期古墳、横穴墓、洞窟遺跡に限られているのが実態である（図2)。北部の土坑墓や終末期古墳では、断片的な骨格の部位が確認されればまだましな方で、土壌中における腐食や盗掘による撹乱あるいは風化によって、人骨が完全に消失しているケースがほとんどである。そこで、本稿では特に東北南部におけるこれらの墓ないし遺跡で確認された古人骨を対象に、論じてゆくこととしたい。

4．縄文人と古代人の頭蓋形態の相違

東北古代人について触れる前に、縄文時代人（以下縄文人）と古墳時代および古代人（以下古代人）の骨格のうち、頭蓋とりわけ顔面の主な形態について両者を比較し、その相違を述べてみよう。なお、この項目で取り上げる古代人の形態特徴とは、あくまで西日本や関東地方において多く認められるものを示しているにすぎず、東北地方でも普遍的であるとは限らない。むしろ東北古代人の中には、縄文時代以来の古い特徴を色濃く残した個体が認められることも少なくないのである。

図3の左・中は、縄文人と古代人の顔面形態を比較したものである。縄文人は眉間《みけん》や鼻骨が突出し、鼻根が深く落ち凹むといった、立体的で彫りの深い顔立ちを示すのに対し、古代人はそれよりも平坦になる傾向にある。また、眼球が納まる眼窩《がんか》の輪郭が前者ではやや角張った形状になるが、後者では丸く滑らかなカーブを描く。上顎については、耳眼水平面（眼窩の下縁と左右の外耳孔の上縁を結

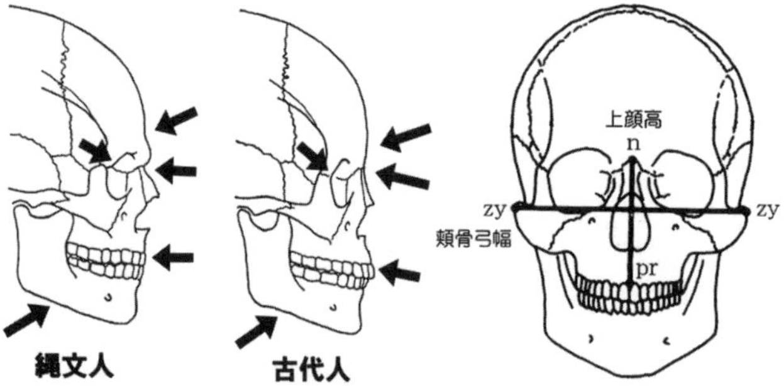

図 3　縄文人と古代人の頭蓋形態の比較と頭蓋の計測点

んだ面を水平に設定した基準面）に対して前者はほぼ垂直に立ち上がるが、後者はやや前方に突出し傾斜する。さらに、下顎の下縁に注目すると、幅広くえぐれたような切れ込み（角前切痕）がみられることがあり、縄文人ではこれが明瞭でないことが多いが、古代人では比較的はっきりと認められる。

さらに顔面部を計測してみると、図3の右に示したような頬骨弓幅（顔面の幅）については両者に大差はないが、上顔高（顔面の高さ）では古代人の方が統計学的にも有意に大きくなる。したがって両者を比べた際、縄文人は丸顔で上下にやや寸詰まりの印象になるが、対照的に古代人は面長の容貌を示すのである。歯に関しては、古墳・古代人の方が縄文人よりも全体的にサイズが大きく、歯の形態もシャベル状の切歯の存在、上顎第一大臼歯の単根化、下顎大臼歯の歯根の数や咬頭の数などの特徴において、縄文人と大きな相違が認められる。

5．東北古代人の形態学的検討の展開―1980～2000 年まで―

実際に古人骨資料の証拠に基づいて、東日本の古代人の様相について体系的な検討が実施されるようになるのは、1980年代以降のことである。それまでも東日本各地の古墳や横穴墓から古人骨が出土し、地道な報告が単発的に研究者によって手掛けられていたことはあったが、国立科学博物館に所属した山口敏が、東日本の古墳・横穴墓出土人骨について四肢骨や頭蓋におけるまとまった計測データを提示したのがその嚆矢となった。ただし、この当時は科学博物館と東京大学に保管された関東地方出土資料がその多くを占め、東北地方は福島県出土のものに限られていた。1990年代当時、東京大学に在籍していた埴原和郎も、東日本および東北の古代人と、縄文・弥生・近現代人の頭蓋計測値9項目に基づいて主成分分析を実施したが（図4）、この際に使用された東日本・東北資料も、山口が使用したものとほぼ同じ内容だったと考えられる。埴原はこの検討結果を通じて、東日本および東北地方の古代人は、東日本縄文人と渡来系と目される西日本弥生人とのほぼ中間的な形態を持つものとする見解を示していた（埴原1996）。

そのような状況の下、古墳や横穴墓ではなく、洞窟遺跡からも保存状態の良好な古代人骨がいくつか出土していることが注目され、その検討

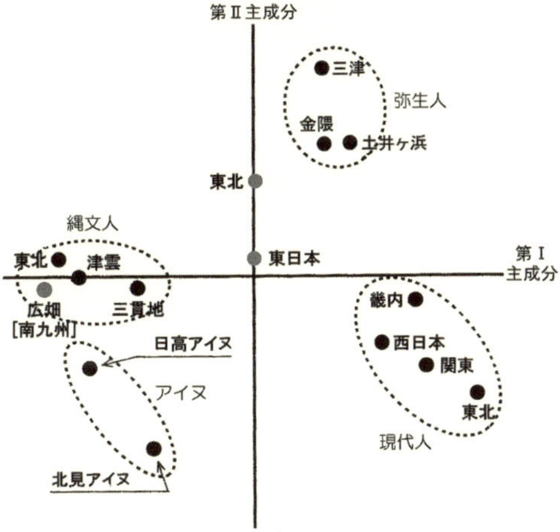

図4　東日本・東北古墳人頭蓋の主成分分析結果（埴原1996）

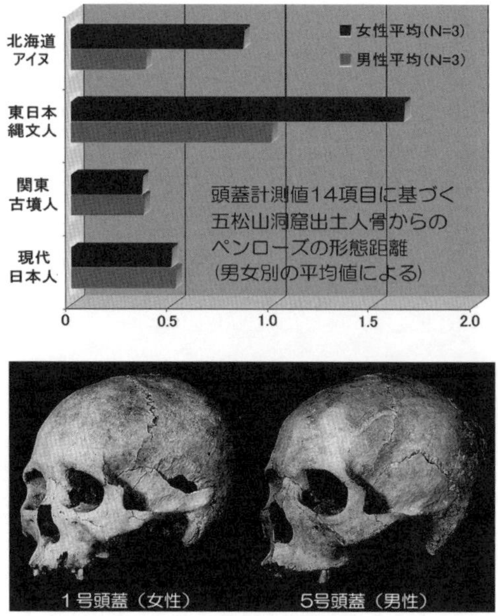

図5　五松山洞窟出土人骨頭蓋のペンローズの距離分析（山口1988）

が進められるようになる。宮城県石巻市の五松山洞窟は、石巻湾に注ぐ旧北上川東岸に所在する海蝕洞窟であるが（現在は崖面の崩落防止のためコンクリートで洞窟入口が覆われ観察できない）、1982年の発見と同時に市教育委員会によって発掘調査が実施され、6世紀末から7世紀初頭にかけての武具や骨角貝製品とともに、複数個体の人骨が確認されている（図5）。この出土人骨を検討した山口敏は、頭蓋計測値を基にペンローズの形態距離という多変量解析法を用いて、男性では北海道アイヌに類似する個体が含まれる一方、女性は関東地方の古墳人に近くなることを示し、男女で様相が異なることを明らかにした（山口1988）。

また、宮城県塩竈市（旧七ヶ浜村）の断崖にかつて存在した清水《すず》洞窟では、1942年に大場利夫を中心とした発掘調査によって、弥生時代後期の桝形式土器と古代の墨書土師器のほか、複数個体の人骨が出土している。ただし、ほとんどの個体は散乱した状態で確認されており、このうちほぼ完全な状態で遺存していた成年男性の頭蓋については、古代人骨の可能性が指摘されている（溝口 1995）。

さらに、山形県酒田市の日本海沖に浮かぶ飛島《とびしま》には、島の東側に狄穴《てきあな》と呼ばれる海蝕洞窟が存在する。1964 年の表面採集と 1969 年の発掘調査によって人骨が多数得られているが、これらも埋葬当初の全身骨格の連携がほとんど保たれておらず、散乱した状態を呈していた。人工遺物としては、9～10 世紀頃の土師器を伴うことが確認されており、平安時代前期に埋葬されたものと考えられている。

清水洞窟と狄穴洞窟の出土人骨（図 6 下段）は、それぞれ最も保存状態の良い男性の頭蓋 1 個体ずつについて、詳細な形態学的分析がなされている。

図 6 に示した帯グラフは、両個体の頭蓋計測値 9 項目に基づいたペンローズの形態距離の結果の一部を表現したものである（石田 1992）。これによると、清水人骨は西日本や関東古墳人に近くなる一方で関東縄文人からはかなり離れるが、狄穴 1 号人骨の場合は関東縄文人に最も近接するという結果が

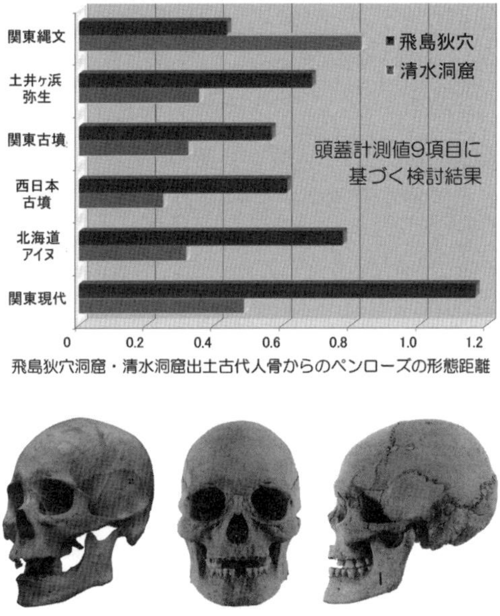

図 6　飛島狄穴洞窟・清水洞窟出土人骨頭蓋のペンローズの距離分析（石田 1992）と清水洞窟出土人骨（下段左）および飛島狄穴洞窟出土人骨（下段中・右）

示された。後に狄穴 1 号人骨は、顔面の平坦性を表す計測項目を含めた 19 項目を用い、岡山県津雲貝塚や愛知県吉胡貝塚出土の縄文人と比較した場合でも、東日本の古代人や現代日本人より類似することが再確認されている（Yamaguchi and Ishida 2000）。つまり、狄穴人骨は縄文時代的な古い特徴をとどめているのに対し、清水人骨は関東以西の古代人に典型的な形質を備えており、両者は好対照な様相を示していると言えよう。

6．仙台平野の横穴墓古代人—矢本横穴墓と熊野堂横穴墓—

2003 年 7 月 26 日、宮城県旧矢本町（現東松島市）で震度 6 強を記録した宮城県北部連続地震によって、町内に所在する丘陵斜面の一部が崩落するという事態が起こった。この際、1968～69 年に調査がなされていた矢本横穴墓群の旧調査区に隣接する斜面において、新たな玄室が数多く存在することが明らかとなった。崩落防止工事に先立って、これらの玄室の発掘調査が翌年度より実施されることとなり、2008 年度までに約 50 基の玄室が調査され、70 個体に及ぶ埋葬人骨が出土した。筆者（瀧川）は、出土当初からこの矢本横穴墓群出土の古人骨の調査と鑑定を手掛けることとなったが、その内容は非常に興味深いものであった。

矢本横穴墓群は、国府・鎮守府多賀城の北東約 20 km の地点に位置しており、横穴墓の分布領域としては北限に近い（図 7）。その北東約 4.5 km には、牡鹿郡の官衙《かんが》で防御施設として築かれた「牡《お》鹿《じかの》柵《さく》」に比定される赤井遺跡も存在する。横穴墓群は、7 世紀中葉から 9 世紀初頭にかけて造営と祭祀が継続されており、南北約 1.5 km に亘って 200 基もの玄室が分布すると推測されている。各墓では追葬ないし改葬が繰り返し行われていたため、ほとんどの埋葬人

図7　多賀城周辺の古代横穴墓・洞窟遺跡の位置関係

骨で全身骨格の当初の連携が失われており、複数個体が混在した状況であった。仙台平野には、他にも人骨を出土した横穴墓の存在がいくつか知られているが、かなりまとまった個体数を出土した遺跡としては、名取市熊野堂横穴墓が挙げられる。熊野堂横穴墓は矢本横穴墓とは対照的に多賀城の南西約 15 km の地点に所在し、1994 年の発掘調査によって、12 基の玄室から 50 個体以上の人骨が確認されている（松村・石田 1995）。熊野堂横穴墓の造営は矢本横穴墓より少し古く、6 世紀末〜7 世紀に位置づけられている。

矢本横穴墓群と熊野堂横穴墓群、そして先にも紹介した五松山洞窟は、仙台平野に所在する古代の遺跡の中でも相当数の人骨が得られたところである。そこで、これらの各遺跡集団と周辺集団との間で、特に頭蓋の計測的特徴を基に比較を試みた。どの遺跡でも男性の方が標本数を多く得られているので、ここでは男性のみによる検討結果を示す。

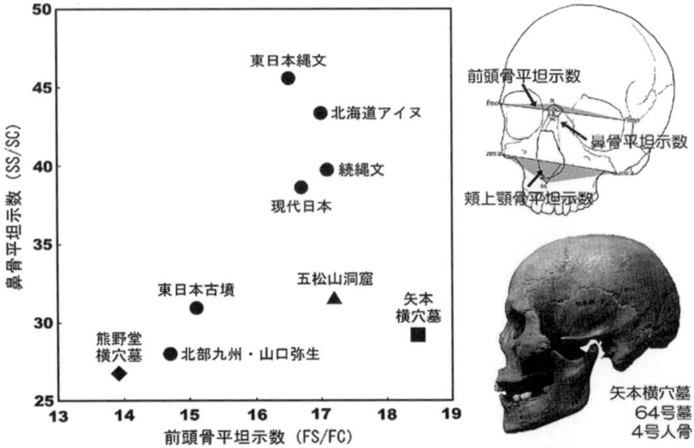

図 8　顔面平坦度（前頭平坦示数と鼻骨平坦示数）の比較散布図

まず図 8 は、顔立ちの立体性を表現する顔面平坦度の散布図である。顔面平坦度とは、前頭部・鼻部・上顎部において、どれだけ各部が突出するかあるいは落ち凹むかを示すもので、ある規定された左右対称の計測点を結ぶ横幅の弦に対して、最も突出する点ないし落ち凹む点に垂線を伸ばした際に、その垂線と弦の長さの割合を数値で表現したものである。この図では、横軸に前頭骨平坦示数（鼻根部がどれだけ凹むかを示す）を、縦軸に鼻骨平坦示数（鼻骨がどれだけ突出するかを示す）を設定した。五松山洞窟と矢本横穴墓では前者が高いのに対し、後者は低い。どちらの示数も低いのは熊野堂横穴墓で、西日本弥生人や東日本古墳人にも共通して全体的にのっぺりした顔面であることを示す。逆に両示数とも高い、すなわち彫りが深い顔立ちになるのは、東日本縄文人、続縄文人、北海道アイヌで、これは実は現代日本人にも認められる特徴である。

さらに、顔面平坦度に関する項目を含めた頭蓋計測値 18 項目に基づいて集団間でペンローズの形態距離を求め、各集団の類縁関係を二次元の散布図として示したのが図９である。これによれば、五松山洞窟集団と矢本横穴墓集団は互いにかなり近接し、両者は東日本古墳人・西日本弥生人のグループと、北海道アイヌ・続縄文人のグループとのやや中間的な位置にあると見なされる。しかし、熊野堂横穴墓集団はこの二者とは異なり、西日本弥生人・東日本古墳人や東北・関東現代人によく類似するが、東日本縄文・続縄文・北海道アイヌとはまるで正反対の領域に位置づけられる。

つまり、同じ仙台平野の古代人集団であるにもかかわらず、五松山洞窟と矢本横穴墓、熊野堂横穴墓との間では、異なる様相が示されているのである。この分析結果は、多賀城の設立と仙台平野への開拓移民の存在を反映する可能性があるものとして注目される。

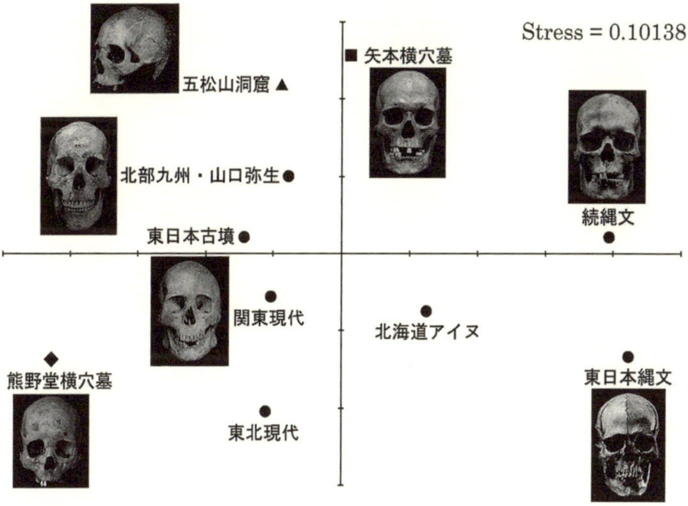

図９　古代横穴墓・洞窟集団の頭蓋 18 計測項目によるペンローズの形態距離に基づく二次元展開図

横穴墓はもともと関東以西に由来する墓制であり、仙台平野には開拓を期して特に関東を中心とした各地から数多くの移民が入ってきたことが文献史料に記録されていることから、この墓制が彼らによって導入されたとみてよい。したがって、熊野堂横穴墓の出土人骨が、東日本古墳人に類似すること自体は妥当である。しかし、畿内からみて多賀城以遠にあたる牡鹿郡を含む黒川以北十郡と称される地域は、この当時はまさに北辺開拓と陸奥国統治の最前線であった。五松山洞窟や矢本横穴墓からの出土人骨の一部に、続縄文人や北海道アイヌに似たやや古い形質を持った個体がみられることは、土着在来の人々（「蝦夷」として認識された人々？）が移民に混在していた可能性を示唆しているのかもしれない。実際、国史である『続日本紀』にも、農耕に従事した蝦夷を示すとされる「田夷」（ただし、熊谷の論考にもあるように、律令体制下における身分呼称の１つにすぎない可能性もある）や、朝廷に服属した蝦夷を指す「俘囚《ふしゅう》」「夷《い》俘《ふ》」の存在が記録されており、この地域に蝦夷と開拓移民とが共存する関係にあったことは明らかである。筆者（瀧川）は、このような状況から、畿内政権による同化・懐柔政策の一環として、死後に彼らを横穴墓へ埋葬したり、開拓移民との間で婚姻関係を結ぶといったことが、一部で行われていたのではないかと考えている。

7．骨格の身体的特徴からみた東北古代人の位置づけ

それでは、現在把握されている限りの東北古代人について、特に頭蓋の形質を中心に他の周辺集団と比較してみた場合、どのような位置づけがなされるのだろうか。本稿の共同執筆者である川久保善智らは、主に東北地方南部の遺跡から出土した古墳～古代人骨の頭蓋の諸特徴から、さまざまな周辺集団との距離関係を検討した（川

久保他 2009)。

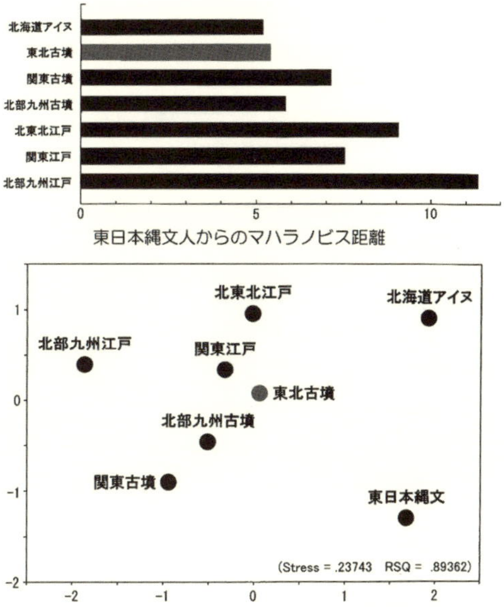

図 10　頭蓋 18 計測項目から求めた各集団間のマハラノビスの距離に基づく二次元展開図

図 10 は、頭蓋の主要計測値 18 項目を基に、集団間でマハラノビスの距離を算出した結果から構成したものである。上段の帯グラフは、東日本縄文人と他集団との距離を表しており、距離が短いほど両者が近似することを示しているが、東北古墳人は北海道アイヌに次いで東日本縄文人に近くなる状況が示されている。また、マハラノビスの距離を基に、多次元尺度構成法によって各集団の位置関係を表現したものが下段の図である。東北古墳人は北部九州や関東の古墳人とさほど大きな相違を持たないものの、それでも他の集団と比較すれば東日本縄文人や北海道アイヌに近接する状況にあると言える。一方で図 11 は、頭蓋の形態小変異（個体によって存在したりしなかったりする解剖学的特徴のバリエーション）の 22 項目について、その出現頻度パターンから集団間でスミスの距離を求めた結果を表現したものである。東北古墳人の位置づけについては、先述した頭蓋計測による結果とほぼ同様な内容となっていることが確認できる。

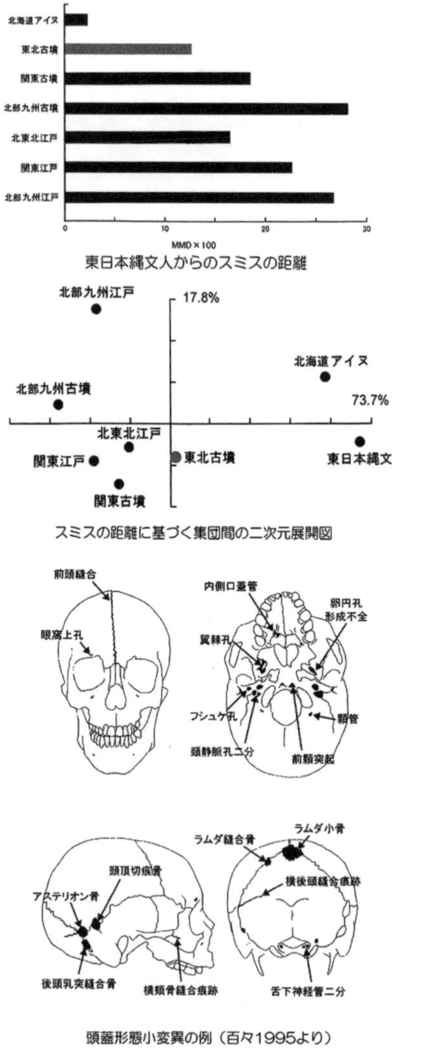

図11　頭蓋形態小変異22項目から求めた各集団間のスミスの距離に基づく二次元展開図

さらに、ほぼ完全な頭蓋を遺存する男性個体について、18計測項目に基づいて判別分析を実施した結果が図12である。この判別分析では、東日本縄文人と北部九州弥生人を二大集団として、東北・関東・北部九州の3地域における各古墳・古代人個体が、どちらの集団に判別されるのかを表している。ただし、いずれの集団に判別されたからと言って、その結果がそのまま帰属集団を断定するものではなく、あくまで各個体がどちらの集団により類似するかを判断する程度

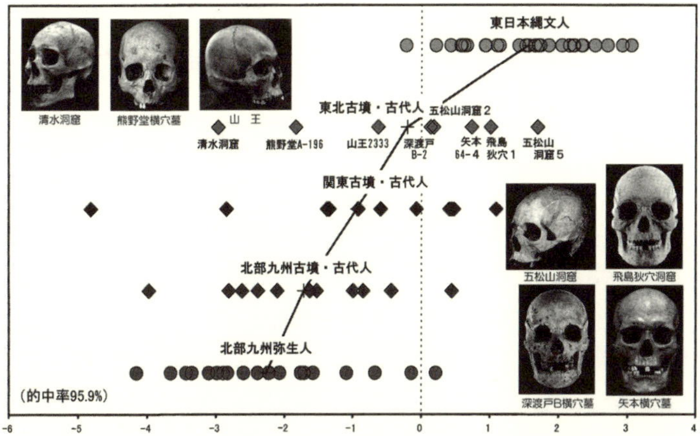

図 12　縄文人と北部九州弥生人を母集団とした各地の古墳・古代人頭蓋の判別分析結果

に捉えていただきたい。集団ごとにプロットされた十字の印は、各集団に属する個体の判別得点の平均値（重心）である。東北→関東→北部九州と移行するにつれて、各集団の重心は右側の東日本縄文人から左側の北部九州弥生人の領域へと少しずつ移行してゆく。

また、東北古墳・古代人では、先に紹介した五松山洞窟や飛島狄穴洞窟、そして矢本横穴墓群 64 号墓 4 号のように、東日本縄文人に判別される個体が多いが、それに対して清水洞窟や熊野堂横穴墓群のように、北部九州弥生人にも判別される個体が存在する。つまり、古墳時代から古代の東北地方南部の人々の形質は、関東や北部九州と比べると、かなり多様性に富んでいたということである。これは、もともとこの地域には縄文時代以来の古い特徴を色濃く残した人々が存在した一方で、この時期に畿内政権の主導による東北地方への開拓移民の影響が及び、言うなればモザイク状の二重構造的な現象がみられるようになったと考えれば説明はつく。

ところで、東北古代人の身長はどれほどのものだったのだろうか。多賀城跡周辺の遺跡からは、当時の建造物に付属していたと考えられる木製の扉が出土しているが、その高さは我々現代人の目には非常に低く映る。現代日本人男性の平均身長は約 171 cm であるが、この扉はそれよりも低いので、現代人ならば頭を屈めなければ出入口を通過できないほどである。実際の東北古代人のうち、ある程度古人骨の標本数を確保できる仙台平野の 3 遺跡（矢本横穴墓・熊野堂横穴墓・五松山洞窟）について身長推定を試みた（図 13)。推定には身長と高い相関を持つ四肢長管骨の最大長を利用する。特に大腿骨との相関が最も高いため、この計測値を基に身長推定式（ヨーロッパ人を対象としたピアソン法、日本人を対象とした藤井法などがある）によって各個体の身長を推定し集団ごとの平均値を求めたとこ

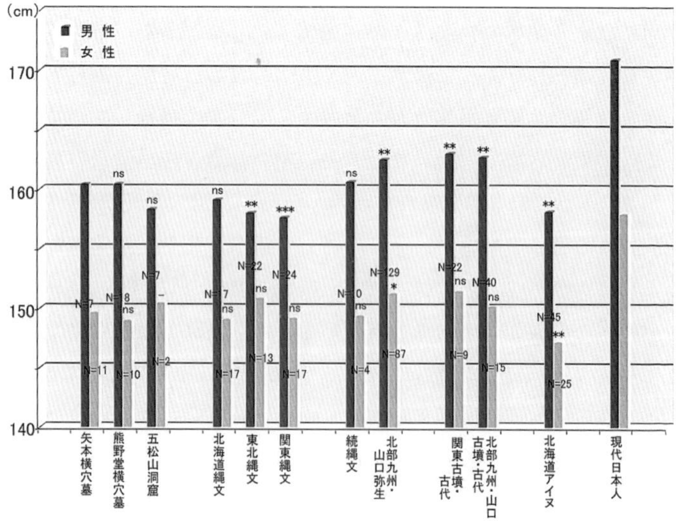

図 13　東北古代人と周辺集団の推定身長比較

ろ、東北古代三集団では男性 160 cm 程度、女性 150 cm 程度であることが示された。つまり、現代人より 10 cm 近くも背が低いので、先述した扉を潜り抜けるには十分な体格であったと言えよう。これは東日本縄文人よりは若干高く、北海道の続縄文人と同程度であるが、ほぼ同時期の東日本や北部九州・山口の古墳・古代人と比較すれば数センチほど低い。東北古代人の身長は、東日本縄文人・北海道アイヌと、東日本・西日本の古墳・古代人とのほぼ中間に位置づけられると見なされるが、頭蓋の形態的特徴の分析結果からも示唆されたように、在地の人々と開拓移民との混在の結果が身長にも反映されていたとする解釈は、十分成立しうるものと言える。

8．古人骨に遺された古代東北人の生活史

ここまでは主に系統論的な話題を述べてきたが、この項目では骨考古学のまさに真骨頂とも言うべき、東北古代人のライフヒストリーについて触れてみることにしよう。特に矢本横穴墓群の出土資料を中心に論じてみたい。ここでは、当時の生活や健康状態を反映する観察項目として、外耳道骨腫、齲《う》歯《し》（虫歯）、多孔性骨過形成症の３点について述べる。

(1) 外耳道骨腫

外耳道骨腫とは、外耳孔つまり耳の穴の骨壁の一部を形成する軟骨が瘤《こぶ》状に肥大する症状である。小さいうちはまだしも、さらに膨隆・拡大して外耳孔を完全に塞ぎ、耳垢が溜まって難聴になることもある。この発生要因には、ある程度の遺伝的バックグラウンドがあると考えられているが、現代でも海で活動する素潜り漁の海女やサーファーに多く出現することが知られ、サーファーズ・イヤーの

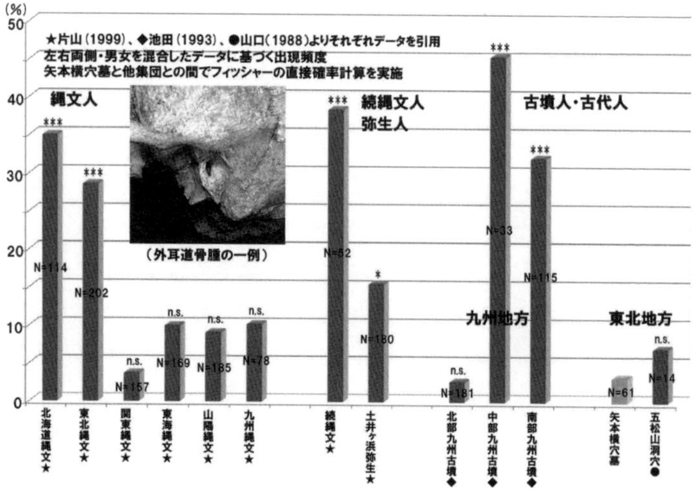

図 14　東北古代人と各集団における外耳道骨腫の出現頻度比較

異名もある。その遺伝的素因を持つ人が、海における活動で外耳道内に冷水を多く浴び刺激を受けることを繰り返すうち、ある一定の閾値を超えたところで壁面に骨腫が誘発されると推測されてきた。

図 14 は、日本の先史および原史、古代における外耳道骨腫の出現頻度を棒グラフとして表現し、比較したものである。このような肉眼観察に基づくデータの場合、観察者によって判断基準に多少の誤差が出るので単純な比較は慎むべきであるが、おおよその傾向を把握することは可能である。出現頻度は左右両側および男女を混合して算出している。先史時代では北海道・東北地方貝塚出土縄文人と続縄文人で圧倒的に高くなることが知られるが、古代の矢本横穴墓群や五松山洞窟では極めて少ない。

古墳・古代人の検討例は全国的にもまだ少ないが、九州では北部（福岡・佐賀）の出現頻度が低い一方、中部（熊本）や南部（宮崎・

鹿児島）においてかなりの高頻度で認められるという。五松山洞窟や矢本横穴墓群に葬られた人々は、おそらく海洋における漁撈活動などには従事せず、平野部での農耕にもっぱら関わっていたことが、外耳道骨腫の低さに反映されたと考えられよう。

(2) 齲歯《うし》（虫歯）

この検討は各時代・集団において今までに数多く実践されてきたが、ここでは青年期以降の個体の永久歯について得られたデータを基に比較検討を試みる。対象はすべての歯種で、男女および左右を混合し、遊離歯を含めているケースもある。また、齲蝕《うしょく》の確認は肉眼観察によるものだが、研究者や歯科医師によってはエナメル質のみにとどまるかなり微細なものまでカウントすることもあるため、観察者間で多少の誤差が生じている可能性はあるが、集団ごとの様

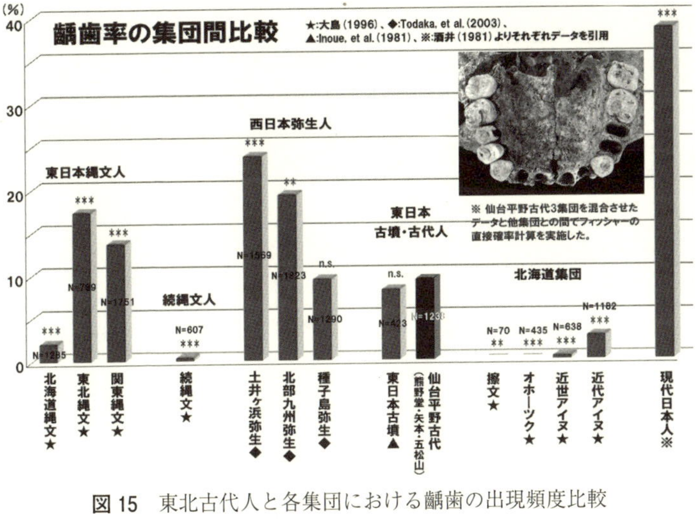

図 15　東北古代人と各集団における齲歯の出現頻度比較

相を概観することはできるだろう。

図15は、先史時代人と古墳・古代人、および北海道集団や現代日本人の齲歯率（齲歯数を全歯数で除したパーセンテージ）をグラフ化したものである。北海道集団は、縄文から続縄文を経てあらゆる集団で齲歯率が低いことが報告されている（大島1996）。それ以外の東北や関東縄文人では齲歯率が10％台であるが、山口県土井ヶ浜遺跡や北部九州の弥生人は20％前後まで上昇する。ところが、東日本古墳人や今回集計した仙台平野3遺跡の古代人では10％未満の低さである。

西日本弥生人の齲歯率の高さは、齲蝕の原因菌であるミュータンス群が増殖および活動しやすい口腔内環境、つまり炭水化物が歯に付着し残留しやすい米食の導入が関与すると考える向きもあるが、古墳・古代人の齲歯率の低さは米食だけでは説明がつかない。米の加工・調理法が弥生時代とそれ以降とで異なっていることが指摘されることもあるが、この点は食性全体の変化という文脈の中で今後議論すべき課題だろう。縄文時代においてミュータンス群の恰好な繁殖環境を提供していたと考えられるドングリ・堅果類やそれを加工した食品が、古代にはあまり口にされなくなったことにも、その一因があるのかもしれない。

(3) 多孔性骨過形成症

この病変は頭蓋各所の骨壁の表面に、微細な孔が数多く出現する変化を総称したものである。特に眼球が収まる眼窩《がんか》の天井面に細かい孔が認められるものをクリブラ・オルビタリア（眼窩篩《がんかし》）と称するが（図16右上）、同様の症状は前頭骨や頭頂骨の外板にも認められることがある。この症状は鉄分欠乏に伴う貧血に関連するものと考えられており、代償的に鉄やカルシウムをはじめとした無機質を、

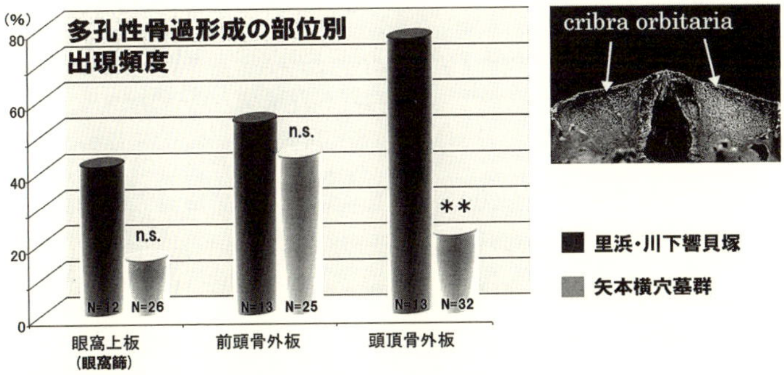

図 16　里浜貝塚縄文人と矢本横穴墓古代人における多孔性骨過形成の出現頻度比較（右はクリブラ・オルビテリアの例）

貯蔵されている骨から取り込もうとするため、骨の緻密質が薄い頭蓋の外板などの領域で細かい孔が形成されるのである。ただし、この原因となるのは小児期の栄養障害以外にも、感染性の下痢による鉄分の吸収障害、寄生虫による感染症による影響など複数あるため、単純に食料欠乏や低栄養状態ばかりに結びつけることはできない。クリブラ・オルビタリアに限れば、縄文時代から古墳時代にかけて出現頻度が減少するという報告がある一方、北部九州ではこの時期にかけて増加するとの報告も示されているが、どちらのケースも統計学的な有意差は認められていない。

今回、眼窩上板・前頭骨外板・頭頂骨外板の３つの領域で、同じ宮城県東松島市に所在する里浜・川下響貝塚と矢本横穴墓群との出現頻度を比較してみた。図 16 はその比較グラフであるが、どの領域においても矢本横穴墓群の方が出現率が低くなったが、有意差が認められたのは頭頂骨外板のみであった（ただし、前頭骨と頭頂骨外板にみられるケースはどれも軽度である）。この結果から、この地域では縄文時代の方が幼少時に貧血になりやすい要因が多かった可能性はあるが、里浜貝塚では食料となった海産物中心の動物遺体の出土量と構成内容が豊富であること、出土人骨の骨格の頑丈性などから考えると、食料の欠乏による栄養不良を第一の理由に挙げることには少々難がある。当時の衛生条件を想定するのであれば、おそらく何らかの感染症との関連を候補に挙げた方が妥当であろう。

いずれにしても、栄養障害との関わりを持つストレスマーカーは、他にも歯のエナメル質形成不全や四肢骨端のハリス線などの項目と併せて総合的な判断がなされるべきであり、生前の食性とそれに基づく栄養学的観点からも検討が必要である。

9．今後の東北古代人骨研究の展開

以上、東北古代人骨の形態的側面に基づいた多方面からの研究を紹介してきたが、東北地方で古人骨を出土した古墳や横穴墓は、本稿で取り上げた以外にも実はまだ相当数が報告されている。これらの資料を踏まえて総合的見地から分析を行うこともちろんであるが、特に生活史的側面からのアプローチでは、新たな視点・手法を取り入れた検討も可能な限り実施してゆくべきだろう。

たとえば、本書のIIIでは、安達登が東北古代人のミトコンドリアDNA解析についての取り組みを紹介している。東北地方における古代人の系統やその形成プロセスを探るには、従来のような古人骨の形態学的情報ばかりではもはや不充分で、このような分子遺伝学的手法も併行して扱ってゆくことも重要である。現状では検討事例やその成功例が限られているものの、少しずつサンプル数が増えていくことで、より具体的な成果が得られることを期待したい。

さらに同じ章で炭素や窒素の安定同位体による食性分析について米田穣らが執筆しているが、この手法は先述した齲歯や多孔性骨過形成症といったストレスマーカーの出現頻度の時代変化を解明する上で、有益なヒントを提供してくれる可能性がある。また、放射線学的方法として、CT（コンピューター断層撮影法）を活用することで、骨格や歯の様々な部位における内部構造の解析も、生活史の解明の上で今後積極的に導入してゆく必要があるものと考えられる。

（瀧川　渉・川久保善智）

Ⅱ　古人骨からみた古代東北・南九州の人々②

古人骨からみた南九州の古墳時代人

1．南九州の古墳時代の墓制

古墳時代は現在の日本の基となる古代国家が形成されていった時期である。それと同時に、現代日本人につながる身体形質が形成された時代でもある。弥生文化とともにアジア大陸からもたらされた渡来人の遺伝子は、弥生文化、古墳文化の列島各地への波及に伴う、人々の移動や交流により、各地に拡散していった。

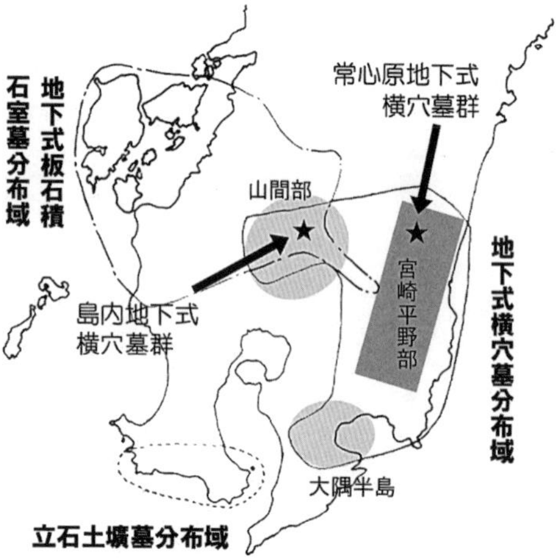

図1　古墳時代の南九州を特徴づける墓制と地下式横穴墓の地域性

古墳時代の南九州は古墳文化の周縁地域、いわゆる中央から離れた辺境地域にあたる。南九州には高塚墳のほかに、地下式板石積石室墓、地下式横穴墓、立石土壙墓が造られた。地下式板石積石室墓や地下式横穴墓は南九州独特の墓制である（図1）。

南九州に造られたこれらの墓制の中で、保存のよい人骨が出土するのは地下式横穴墓である。地下式横穴墓は、地下に竪坑を掘って玄室を設け、玄門を石や粘土塊などで閉塞したため、玄室の天井が崩落しなければ、遺体や副葬品の周りを取り巻く環境が保たれる場合が多く、人骨や副葬品の残りもよい（図2・図3）。埋葬の順序、副葬品の帰属、埋葬儀礼など人類学的・考古学的に大切な情報が、発掘の際に得られることが多い。本稿で紹介する南九州の古墳時代人骨の研究成果のほとんどが、地下式横穴墓から得られたものである（図4）。

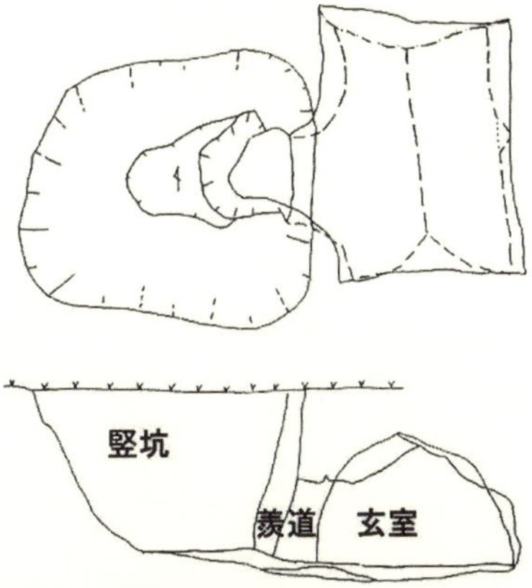

図2　地下式横穴墓の構造

図3　保存のよい地下式横穴墓
（宮崎県えびの市島内地下式横穴墓群89号墓）

2．南九州の古墳時代人の形質

南九州における古墳時代の男性人骨の研究から、山間部と宮崎平野部では形質に違いがあり、この地域の古墳人が以下の３つのタイ

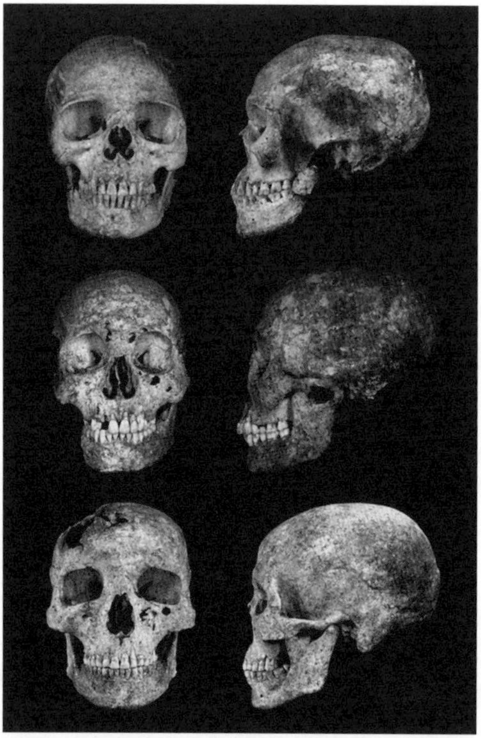

図4　南九州出土の古墳時代人骨
上段：島内22号墓1号男性壮年人骨（南九州山間部タイプ）
中段：前の原3号墓1号男性若年人骨（宮崎平野部Ⅰタイプ）
下段：中尾6号墓1号男性壮年人骨（大隅半島）

プに分けられることが指摘されている（松下1990）。

①強い低・広顔傾向を示し、低身長で、西北九州人に近い「南九州山間部タイプ」、②短頭型で、狭・高顔傾向を示し、高身長であり、北部九州弥生人に近い「宮崎平野部Ⅰタイプ」、③狭・高顔ではあるが、中頭型で眼窩や鼻部の高径が低く、周辺にこれと類似する例を見出せない「宮崎平野部Ⅱタイプ」である。考古学的にも地下式横穴墓は地域性が認められ、大きく山間部・宮崎平野部・大隅半島の3つの地域に分けられる（図1）。現在のところ、大隅半島の集団は「南九州山間部タイプ」に類似した特徴を示すが、人骨の出土数がまだ十分でないため、その特徴を確定できていない。

表1　南九州の男性古墳人の頭蓋計測値

Martin No.	頭蓋計測項目	島内（南九州山間部）（古墳）			南九州山間部（古墳）[1]			宮崎平野部（古墳）			大隅半島（古墳）		
		N	M	S.D.	N	M	S.D.	N	M	S.D.	N	M	S.D.
1	頭蓋最大長	20	181.8	5.47	15	181.1	4.66	10	178.4	4.05	4	186.3	3.11
8	頭蓋最大幅	22	143.9	4.85	24	141.3	4.97	11	142.5	5.00	5	148.4	3.20
17	バジオン・ブレグマ高	27	137.4	3.93	22	135.8	4.58	12	135.7	4.31	4	134.5	2.29
8/1	頭蓋長幅示数	13	78.4	4.01	9	77.2	2.76	9	79.3	3.56	2	79.2	—
17/1	頭蓋長高示数	17	75.8	2.26	12	75.0	3.10	10	75.4	1.68	2	72.6	—
17/8	頭蓋幅高示数	20	96.2	3.56	14	96.1	3.89	10	95.2	4.08	3	89.2	2.86
23	頭蓋水平周	11	529.9	7.12	8	512.8	8.76	7	520.7	6.96	3	533.3	7.59
24	横弧長	16	321.6	9.41	16	308.8	8.36	10	316.6	7.66	2	318.5	—
25	正中矢状弧長	12	377.2	9.68	8	371.6	9.04	6	373.5	7.93	2	372.5	—
45	頬骨弓幅	10	139.8	3.12	10	139.8	5.01	6	139.8	1.95	4	144.0	3.67
46	中顔幅	21	101.4	4.53	19	101.9	4.70	6	100.0	3.06	4	104.0	4.90
47	顔高	24	115.0	12.40	22	114.2	4.70	7	117.7	5.55	5	121.8	2.04
48	上顔高	27	69.4	3.86	29	64.0	2.64	11	69.3	3.49	7	71.7	3.69
47/45	Kollmann 顔示数	7	86.8	2.92	8	81.3	3.41	5	83.0	4.86	3	84.1	1.09
47/46	Virchow 顔示数	16	117.0	6.08	15	112.0	6.59	4	119.1	7.68	3	115.7	3.58
48/45	Kollmann 上顔示数	8	51.2	1.83	8	45.3	1.98	6	47.9	1.68	4	49.7	3.01
48/46	Virchow 上顔示数	19	69.4	2.56	15	62.6	3.10	5	67.3	1.58	4	68.7	2.58
51	眼窩幅	27	42.5	1.62	25	43.0	1.51	9	41.2	1.93	4	44.5	1.12
52	眼窩高	26	33.7	1.57	33	32.6	1.48	9	33.0	1.49	4	32.0	1.22
52/51	眼窩示数	21	79.2	3.96	25	76.4	2.92	9	80.2	3.64	4	72.0	3.56
54	鼻幅	21	27.1	1.46	34	27.5	1.78	12	25.8	1.88	7	26.9	1.55
55	鼻高	23	49.8	3.25	36	49.4	2.66	12	50.8	2.83	7	53.0	1.77
54/55	鼻示数	22	55.0	3.83	32	55.7	4.19	11	51.7	3.89	7	50.8	3.98
57	鼻骨最小幅	26	9.0	1.48	29	9.6	2.11	9	9.0	1.33	7	8.4	1.87
50/F	鼻根湾曲示数	21	80.7	7.20	29	83.5	5.59	8	89.5	4.04	5	82.6	1.39

[1]松下（1990）より引用、それ以外の集団については筆者による収集データ

3．島内地下式横穴墓から出土した人骨

1994年以降、宮崎県えびの市島内地下式横穴墓群から200体を越える古墳時代人骨が出土した（竹中他2001・2009・2010a）。島内地下式横穴墓群は、南九州の内陸部の奥深く加久藤盆地に存在する（図1）。島内の成人骨は周辺の南九州山間部の古墳人と同様の特徴を多

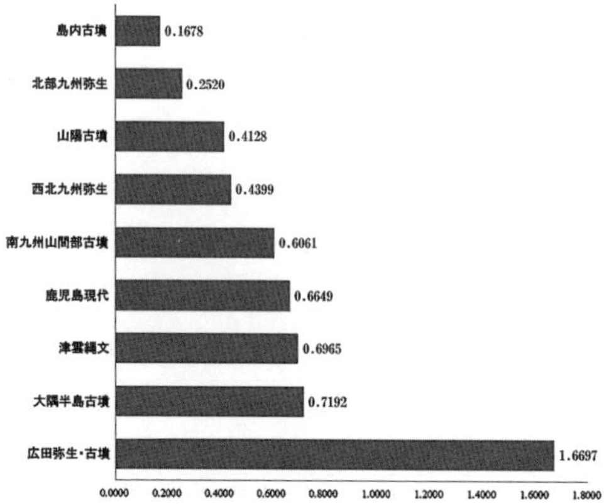

図 5　宮崎平野部古墳人からのペンローズの形態距離（頭蓋計測値 9 項目）

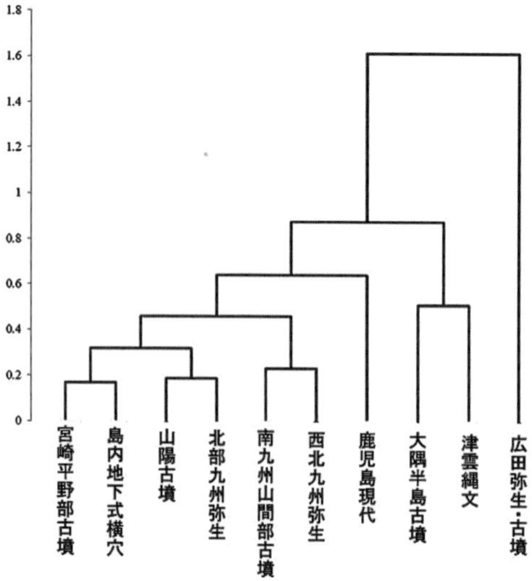

図 6　男性頭蓋計測値 9 項目から計算したペンローズの形態距離行列に基づくクラスター分析（群平均法）

く持つ。しかし、個別にみていくと、非縄文人的特徴を持ち合わせている個体もかなり存在する。サイズの比較的大きな脳頭蓋、頭蓋長幅示数が中頭型、広鼻、前頭部の突出、鼻骨の湾曲、大腿骨の柱状性などが、周辺の南九州山間部の古墳人と同様の特徴である。島内の上顔高、眼窩高が高い点などは異なる特徴である（図 4 上段・表 1）。

男性頭蓋計測値 9 項目からペンローズの形態距離を求めると、宮崎平野部の古墳人に最も近いのは島内地下式横穴墓人であり、北部九州弥

表 2　頭蓋形態小変異の出現頻度

No.	項目名	島内古墳		縄文[1]			北部九州弥生[1]			西北九州弥生[2]			古墳[1]		
		N	P	N	P		N	P		N	P		N	P	
1	前頭縫合残存	72	0.097	159	0.151		185	0.049		90	0.022	*	199	0.025	*
2	眼窩上神経溝	40	0.200	117	0.171		151	0.126		40	0.250		107	0.206	
3	眼窩上孔	51	0.471	124	0.185	**	174	0.483		59	0.237	*	134	0.560	
4	ラムダ小骨	44	0.091	156	0.045		141	0.078		74	0.068		164	0.104	
5	横後頭縫合痕跡	14	0.071	138	0.377	*	94	0.043		71	0.239		146	0.123	
6	アステリオン小骨	14	0.357	113	0.142	*	72	0.111	**	55	0.127	*	111	0.135	*
7	後頭乳突縫合骨	10	0.200	66	0.167		58	0.155		32	0.094		86	0.198	
8	頭頂切痕骨	24	0.208	88	0.205		88	0.295		49	0.163		95	0.189	
9	顆管開存	37	0.838	42	1.000	**	76	0.895		15	0.867		90	0.922	
10	後頭顆前結節	45	0.022	80	0.100		122	0.082		37	0.000		116	0.086	
11	後頭顆旁突起	27	0.037	15	0.133		44	0.000		10	0.200		52	0.019	
12	舌下神経管二分	51	0.235	84	0.333		130	0.131		48	0.438	*	130	0.169	
13	フシュケ孔	50	0.180	127	0.339	*	137	0.401	**	71	0.451	**	143	0.420	**
14	卵円孔形成不全	35	0.086	44	0.045		135	0.030		40	0.000		104	0.019	
15	ベサリウス孔	37	0.514	55	0.564		147	0.415		27	0.741		103	0.476	
16	翼棘孔	37	0.027	65	0.046		152	0.013		21	0.143		112	0.027	
17	内側口蓋管骨橋	51	0.216	80	0.188		162	0.037	**	19	0.105		124	0.073	**
18	横頬骨縫合痕跡	23	0.217	68	0.456		64	0.125		38	0.421		35	0.200	
19	床状突起間骨橋	29	0.000	10	0.000		102	0.039		8	0.000		82	0.024	
20	顎舌骨筋神経管	21	0.000	112	0.205	*	73	0.055		60	0.167	*	77	0.065	
21	頸静脈孔二分	31	0.226	34	0.029	*	98	0.112		18	0.000	*	84	0.060	**
22	左側横洞溝優位	47	0.149	127	0.118		126	0.159		76	0.079		184	0.130	

*、**：島内から各々 5%、1% レベルで有意差あり。[1]Dodo and Ishida（1990）、[2]Saiki *et al.*（2000）より引用

生人、山陽古墳人が続く。南九州山間部古墳人、津雲縄文人や種子島の広田人は離れる（図 5)。10 集団間のペンローズの形態距離行列からクラスター分析を行ったところ、広田弥生・古墳人とその他の集団の 2 大クラスターに分割される。島内集団は後者のクラスターに入り、宮崎平野部の古墳人や山陽古墳人、北部九州弥生人とグループを組む（図 6)。南九州山間部古墳人は西北九州弥生人と同じグループに含まれる。

頭蓋形態小変異 22 項目の出現頻度からスミスの距離を計算すると、島内古墳人は古墳人（本州中央部・東部)、北部九州弥生人、現代日本人に近く、縄文人、西北九州弥生人、北海道アイヌとは遠い

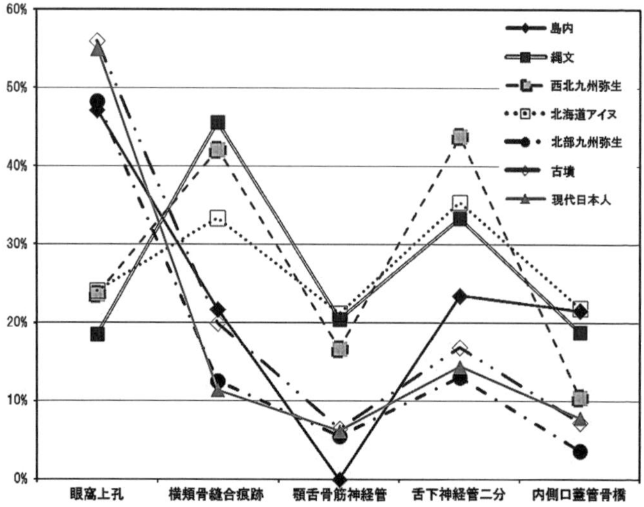

図7　代表的な頭蓋形態小変異の出現頻度の比較図

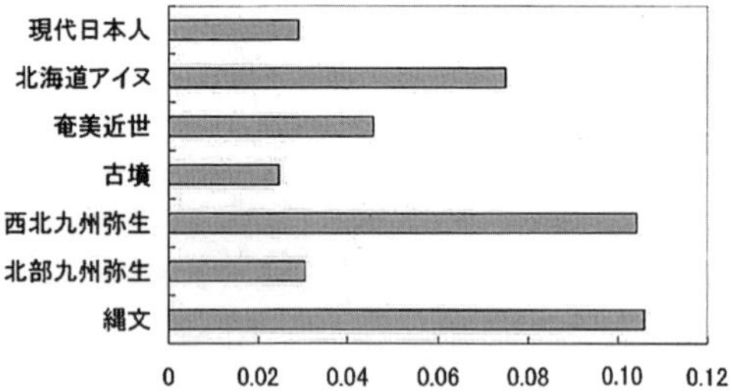

図8　頭蓋形態小変異22項目に基づく島内古墳人からのスミスの距離

(表2、図7、図8)。日本列島の8集団について、スミスの距離行列からクラスター分析を行うと、縄文系と渡来系の2大クラスターに分割される。島内は渡来系とされるグループと同じクラスターに入り、縄文系に分けられる西北九州弥生人とは異なる(図9)。

従来、頭蓋計測値、身長の分析から南九州山間部の男性古墳人は西北九州弥生人に極めて類似し、縄文人的特徴を色濃く残す古墳人であると考えられてきた(松下1990)。西北九州弥生人は、頭蓋計

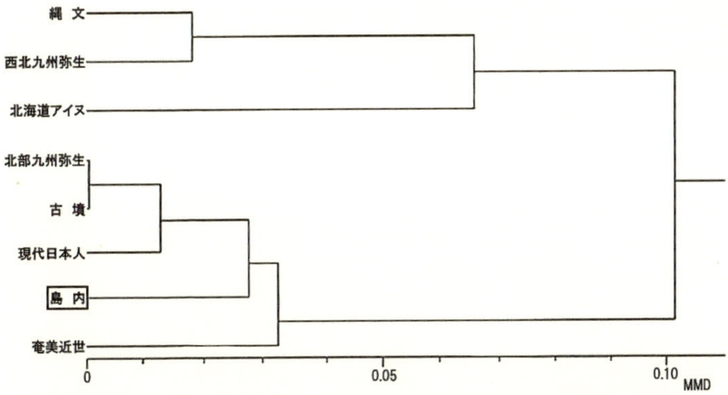

図9　スミスの距離行列に基づくクラスター分析（群平均法）

測値、頭蓋形態小変異の分析のいずれもが縄文人に類似し、形質的にも文化的にも縄文人的色彩が遅くまで持続した集団と考えられている。島内は、頭蓋計測値の分析結果でも西北九州弥生人とやや異なり、頭蓋形態小変異の出現頻度の分析結果からも類似しない。この頭蓋計測と頭蓋形態小変異の分析結果は、島内の人々が、南九州の山間部の中でも異質の存在であり、渡来系の遺伝子をある程度受け入れた集団であるとの解釈を可能にすると考えられる。

古墳時代中期になると、畿内型の前方後円墳は、宮崎平野部、大隅半島および球磨地方にまで分布範囲が広がる。他の南九州山間部の地下式横穴墓群と異なり、島内地下式横穴墓からは甲冑《かっちゅう》や蛇行《だこう》剣《けん》など、貴重な副葬品が多数出土している。それらは畿内経由でもたらされた可能性も高く、こうした脈絡に沿って考えていけば、島内の人々に渡来人的形質が現れていてもおかしくはない。

4．南九州の古墳時代人骨研究の課題

南九州から出土した古墳時代人骨は地域的な偏在が著しい。山間

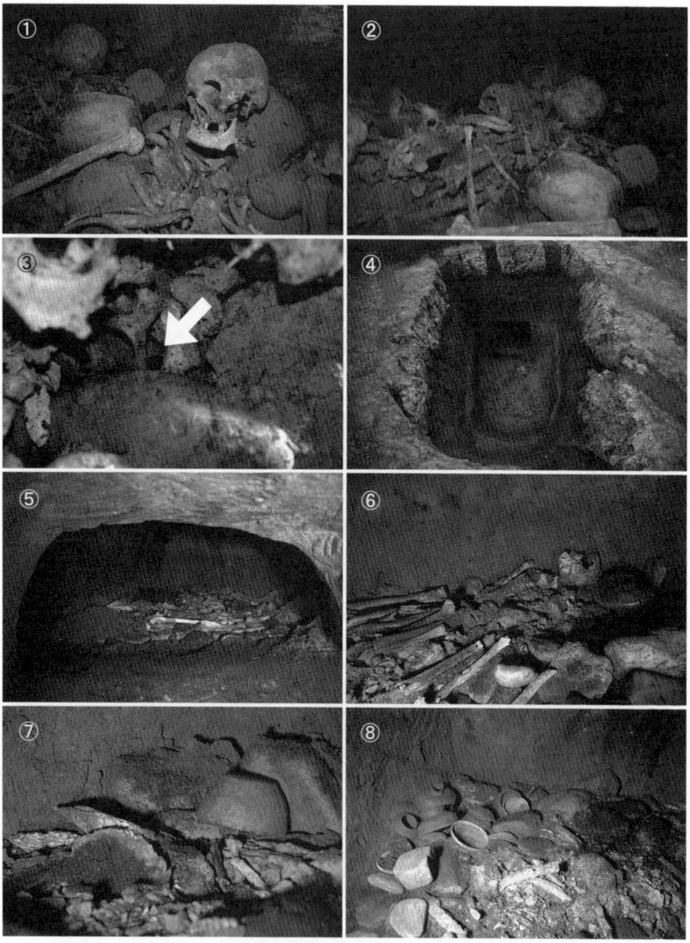

図 10　宮崎県西都市常心原地下式横穴墓群 7・8 号墓の発掘調査
①7 号墓 5 号人骨　②7 号墓人骨出土状況と副葬鉄器　③7 号墓耳環出土状況（矢印：5 号人骨下）　④7 号墓完掘状況　⑤8 号墓玄室開口状況　⑥8 号墓玄室東南端の人骨出土状況　⑦8 号墓に副葬された貝・土器・鉄器　⑧8 号墓玄室西北端の人骨・土器・耳環

部（内陸部）から保存のよい人骨が大量に出土しているのに対し、宮崎平野部からは少ない。松下孝幸（1990）が指摘した男性人骨の山間部と宮崎平野部における地域差は身長と頭蓋計測値に基づくものであり、頭蓋形態小変異や顔面平坦度における地域差の存在は検討されていない。また、女性においては、宮崎平野部の資料の少なさから、山間部と宮崎平野部との地域差の有無を確認できない状態である。これまでに、我々は宮崎平野部の古墳時代人骨の形質解明を目的として、宮崎県西都市常心原地下式横穴墓群の発掘調査を行ってきた（図1、図10）。この横穴墓群でも多数の人骨が出土しており、このうちの一部は宮崎平野部Ⅱタイプに該当するものである（図11）。現在、これらの人骨は整理作業が進行中であるが、今後常

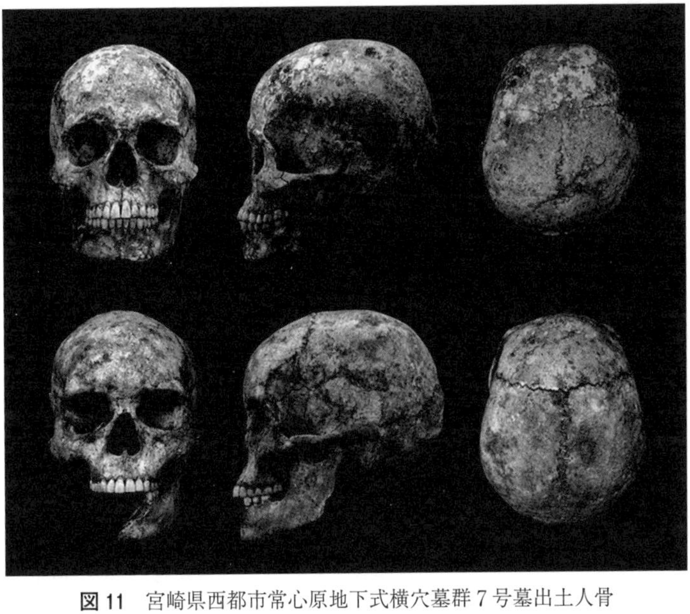

図11　宮崎県西都市常心原地下式横穴墓群7号墓出土人骨
上段：19号人骨（壮年男性）　下段：52号人骨（壮年女性）

心原資料の詳細な分析が進むことによって、より詳細な形質の地域差の検討を行っていきたいと考えている。

5．南九州古墳時代人の生活誌

(1) 糞石からわかること

宮崎県えびの市島内地下式横穴墓群69号墓では、2号人骨（壮年女性）の骨盤内から骨盤外にかけて、灰白色の固形物が遺存していた（図12)。固形物は、下行結腸、S状結腸、直腸に相当する場所から、肛門外に続いており、大便（糞石）であると考えられる。死亡時、大腸内に残っていた大便のかなりの量が、死亡後の腐敗に伴う腹部膨満による腹腔内圧力の亢進と肛門部の筋弛緩によって、肛門外へ押し出されたものと推測できる。被葬者個人のものと特定できる状態での糞石の出土は、南九州の古墳時代人骨で初めてである。縄文時代の埋葬人骨や貝塚から出土した糞石は知られているが、古墳時代での類例を我々はまだ知らない。島内69号墓2号女性人骨の糞石の分析から、アブラナ科、イネ科、アカザ科―ヒユ科、ヨモギ属などの野菜類または薬用植物が摂食されていたことが推定され、南九州の古墳時代人の食生活の一端が明らかにされた。さらに、糞石にアブラナ科や樹木、タンポポ亜科の花

図12　宮崎県えびの市島内地下式横穴墓群69号墓2号人骨（壮年女性）の糞石（矢印）

粉が含まれていることから、埋葬された人物が死亡した季節が春であった可能性も指摘されている（金原・金原 1999）。

さらにその後の発掘調査によって、島内地下式横穴墓群からは、89 号墓 2 号人骨（壮年女性）、117 号墓 3 号人骨（壮年男性）からも糞石が出土しており、これらの糞石の研究から、亡くなる直前の数日間の食べ物や健康状態、亡くなった季節などを明らかにできる可能性がある。

(2) ハエ蛹殻

宮崎県えびの市島内地下式横穴墓群 113 号墓と 114 号墓からは、大量のハエ蛹が出土した（図 13）。出土したハエ蛹は、遺体に産み付けられたハエの卵がどの埋葬人骨のものか特定できる、たいへん貴重な例である。このハエ蛹の研究が進めば、遺体の埋葬過程に関連する新たな事実が明らかにされ、亡くなってからどれくらいの時間が経過した後に遺体を地下式横穴墓に納めたのか、また、埋葬前に遺体を一定期間安置しておく殯《もがり》の実態についても考察できる可能性がある。今後の研究の進展に期待したい。

図 13　宮崎県えびの市島内地下式横穴墓群 114 号墓 5 号人骨（壮年女性）に認められたハエ蛹（点在する白い米粒状のもの）

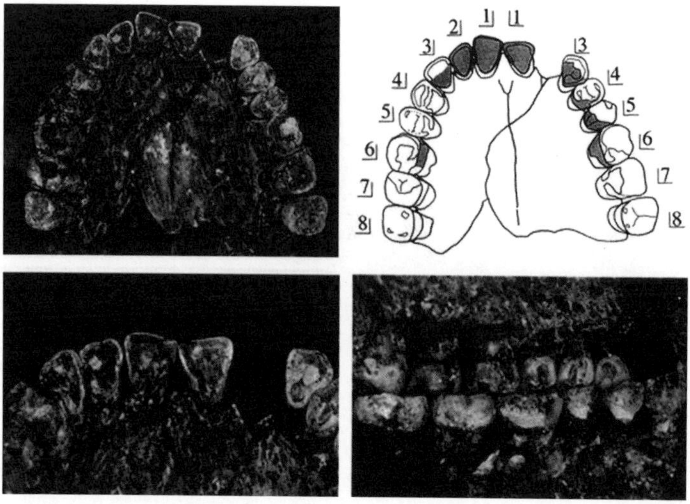

図 14　宮崎県えびの市島内地下式横穴墓群 47 号墓 1 号男性壮年人骨の上顎前歯舌側面に認められる特殊磨耗（LSAMAT）

上段：上顎咬合面　下段左：前歯咬合面　下段右：上下顎咬合の右側面

(3) 仕事としての歯の使用

島内地下式横穴墓群（宮崎県えびの市）47 号墓から出土した 1 号人骨（壮年男性）の上顎前歯舌側面に特殊磨耗（LSAMAT＝Lingual Surface Attrition of Maxillary Anterior Teeth）が認められた（図 14）。磨耗は前歯部だけでなく、左右第一大臼歯間で確認できる。磨耗痕の認められる歯の舌側面は、ほとんどが象牙質まで露出している。本個体の咬合は鉗子状であり、この磨耗痕は上顎歯の被蓋が深いために起こる咬耗とは異なる。このような特殊磨耗が生じる 1 つの可能性として、食事や作業の際に、上顎歯・硬口蓋と舌との間に植物などの鞣《なめ》すものを挟み、舌や手を使い、それらを押し引きし、しごく行為を行っていたことが考えられる。

地下式横穴が分布する南九州山間部、宮崎平野部（宮崎県国富町

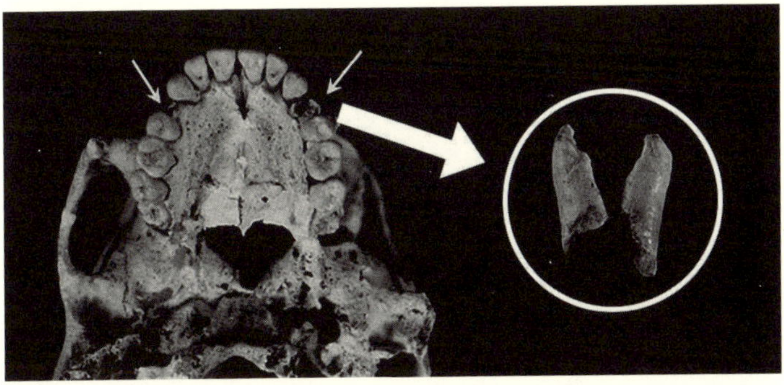

図 15　鹿児島県肝付町北後田古墳群 2 号地下式横穴墓出土人骨（若年女性）の上顎第一小臼歯に認められた風習的抜歯（右円内は歯槽に残された左上顎第一小臼歯の歯根）

川原崎地下式横穴墓出土人骨)、大隅半島（鹿児島県肝付町北後田古墳群 1 号地下式横穴墓 1 号人骨）の 3 地域すべてに、LSAMAT の認められる人骨を確認した。LSAMAT の認められる人骨が出土するということは、植物などをしごく行為が、地下式横穴墓分布域で行われていたことを推測させる。地下式横穴を営んだ南九州の古墳人の日常作業、食生活の一端がうかがえる。

(4)　風習的抜歯

土肥直美・田中良之（1988）は、西日本の古墳時代の抜歯例を集成して、中小豪族の家長権相続に伴う服喪抜歯が存在したと考えている。地下式横穴墓分布域からは、現在までに 3 例の抜歯の施された人骨が出土している。宮崎県国富町飯盛地下式横穴 2 号墳壮年男性人骨（土肥・田中 1988)、鹿児島高山町新富東横間 3 号墳熟年女性人骨（土肥・田中 1988)、鹿児島県肝付町北後田古墳群 2 号地下式横穴墓出土若年女性人骨（竹中他 1993）である（図 15)。抜歯例は、地下式横穴が分布する地域のうち、宮崎平野部と大隅半島の２地域のみしか報告例がない。古墳時代の南九州では、この２地域に限り、抜歯風習が存在した可能性が考えられる。

(5) 受傷痕からみた南九州の古墳時代社会

宮崎県えびの市島内地下式横穴墓群 99 号墓２号人骨(男性・壮年)には斬・切・刺創痕が９ヶ所も確認された(図 16)。創痕は、頭蓋(2ヶ所：左下顎体、後頭骨)、右鎖骨（1ヶ所)、左肩甲骨（1ヶ所)、左肋骨（1ヶ所)、右寛骨（1ヶ所)、左寛骨（1ヶ所)、右脛骨（1ヶ所)、右腓骨（1ヶ所）に認められた。いずれの傷も、受傷後、治癒機転が進展した痕は見出せない。したがって、ほぼ即死の状態であったと推測される。また、9ヶ所も傷を受けていることから、この壮年男性を殺害した人物は強い殺意を持っていたはずである。受傷部位のほとんどは、被害者である壮年男性と加害者が相向かいで戦っていたことを想像させる。男性の後頭骨、左肋骨、左寛骨に残る傷は、い

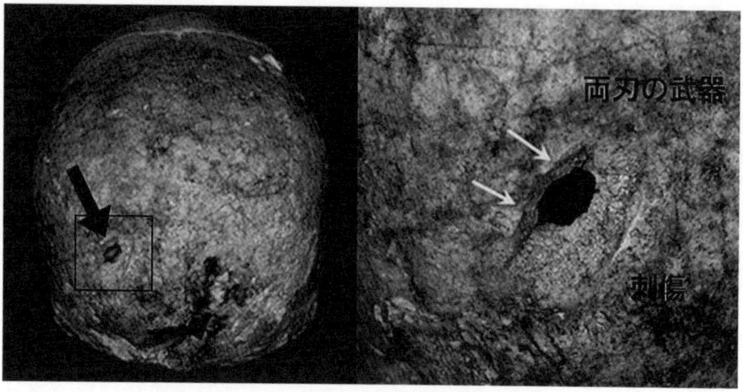

図 16　宮崎県えびの市島内地下式横穴墓群 99 号墓２号人骨（壮年男性）の後頭部に認められた斬・切・刺創痕

表3　南九州から出土した受傷痕の認められる人骨（全て宮崎県）

出土地	遺跡・人骨番号	性別・年齢	受傷痕の認められる骨の部位	文献
えびの市	島内地下式横穴墓群87号墓1号人骨	男性・熟年	骨盤下から破折した骨鏃	竹中他(2001)
えびの市	島内地下式横穴墓群89号墓1号人骨	男性・熟年	前頭骨に陥没骨折	竹中他(2001)
えびの市	島内地下式横穴墓群99号墓2号人骨	男性・壮年	頭蓋（2ヶ所）、右鎖骨（1ヶ所）、左肩甲骨（1ヶ所）、左肋骨（1ヶ所）、右寛骨（1ヶ所）、左寛骨（1ヶ所）、右脛骨（1ヶ所）、右腓骨（1ヶ所）に斬・切・刺創〔図16〕	竹中他(2001)
えびの市	島内地下式横穴墓群104号墓4号人骨	女性・熟年	右頭頂骨ラムダ付近に刺創	竹中他(2010b)
えびの市	島内地下式横穴墓群126号墓2号人骨	男性・壮年	前頭骨に陥没骨折〔図17〕	竹中他(2010b)
西都市	常心原地下式横穴墓群7号墓1号人骨	男性・熟年	左ラムダ縫合上に陥没骨折	竹中他(2007)

ずれも創傷痕の両端が鋭く切れ込んで終わっており、剣によって突き刺された傷であると判断される。剣は両刃の武器で突く機能と斬る機能を持つ。残る6ヶ所の傷痕も剣によるものと考えておかしくない。

島内をはじめとする地下式横穴墓群に副葬された鉄器の数を考えると、かなりの数の鉄製武器が古墳時代後期の南九州に流通していたはずである。加害者は鉄剣を用いてこの壮年男性を殺害したと推定してもよいのではないだろうか。

これまでに出土した南九州の古墳時代人骨で受傷人骨は6例しかない（表3）。そのうちの5例が宮崎県えびの市島内地下式横穴墓群からの出土である（図17）。島内からは、これまでに180体を超える人骨が出土しており、受傷人骨の割合は約2.8%程度となる。受

図 17　宮崎県えびの市島内地下式横穴墓群126号墓2号人骨（壮年男性）の前頭部に認められた受傷痕

傷人骨の多数報告されている弥生時代の北部九州でも、受傷例が出土人骨や墓の中で占める割合はおそらく1%にも満たないと言われている（中橋 1996）。集団間の戦争が激しかったと考えられる弥生時代の北部九州でさえ受傷人骨の占める割合はこの程度であり、島内地下式横穴墓群の受傷人骨の占める割合はやや高い。

これまで島内の受傷者について、集団間の戦争・戦闘による犠牲者である可能性だけではなく、事故や私怨による傷害行為を受けた可能性が提示されてきた（竹中他 2001）。しかし、近年の新たな受傷人骨の出土によって、これまでの受傷人骨の報告例も含め、戦闘行為の犠牲者と考えた方がよいことは明らかである。島内地下式横穴墓群は甲冑をはじめとする多数の武具・武器の副葬などから、周辺の地下式横穴墓群と比べ、特殊性が指摘されてきた。地下式横穴墓は現在の宮崎平野部から大隅半島平野部にかけての南九州東側半分の地域に分布する。多数の地下式横穴墓が調査されているが、殺傷痕が認められる人骨が多数出土した墓群は島内地下式横穴墓群だけである。島内を営んだ人々が他の集団と戦わざるを得ない状況下にあり、戦いの犠牲者がこのように存在したことを物語っている。

島内よりも南方の錦江湾沿岸地域には、地下式横穴墓は築かれない。島内地下式横穴墓群を営んだ人々が戦わざるをえず、戦闘行為による犠牲者が出た理由は、錦江湾奥の地下式横穴墓を造らない人々と対峙する前線基地として、島内集団が持っていた政治的特殊性が考えられる。

図 18　宮崎県国富町義門寺地下式横穴墓群 1 号墓の玄室内集骨

(6) 集骨風習

また、近年の地下式横穴墓の骨考古学的発掘成果としては、7 世紀前後の地下式横穴墓から最終埋葬のあとの集骨があげられる。2002 年の 8 月には、宮崎県西都市常心原地下式横穴墓群 5 号墓の発掘調査が行われ、ここでも最終埋葬後に再度玄室を開けて、3 体が玄室中央に集骨されていた。また、宮崎県国富町義門寺地下式横穴墓群 1 号墓の発掘調査では、最終埋葬後に再び玄室を開け、埋葬してあった 2 体の人骨を 1 ヶ所に集骨した例が明らかにされた（図 18）。さらに、南九州の内陸部に所在する宮崎県都城市築池地下式横穴墓群 2003-2 号墓からも、墓使用の最終的な儀礼行為として、白骨化した人骨と副葬された平瓶を動かす行為が行われた可能性が考えられた。常心原・義門寺・築池の各墓群は古墳時代後期末に所属する可能性が高い。使用墓の最終儀礼として白骨化した人骨を動かしたり、集骨したりするという行為は、同じ時期の九州、山陰や関東の横穴墓でも行われた儀礼行為である。

日本列島では、6世紀末頃から高塚古墳や横穴墓で人骨のかたづけ、改葬や集骨が増加する。今回の義門寺と築池の出土例を含めると4例の最終埋葬後集骨例が、地下式横穴墓分布域で認められたことになる。古墳時代後期末は地下式横穴墓造営の終末期である。玄室内の副葬土器の組成も、横穴墓に類似する墓が増えてくる。地域的な独自性が強調される地下式横穴墓であるが、この時期になると地下式横穴墓の分布域のかなり広い範囲で、高塚古墳や横穴墓を盛んに造った地域における集骨の風習が受け入れられるようになったものと考えられる。

（竹中正巳）

コラム①

焼骨からわかること

——ミクロ形態学によるヒトと動物の識別——

遺跡から発掘された人骨は、過去の人びとを知るための貴重な資料である。人類学研究者は骨の形態を綿密に観察し、長さや幅を計測し、安定同位体やDNAの化学分析を行うことで、年齢・性別・健康状態・食性・年代・遺伝的類縁関係などについてできるだけ多くの情報を引き出し、生活様式・社会構造・儀礼・集団の系統その他諸々のヒトに関わる事柄を復元しようとする。しかし、骨が焼けている場合は、通常の人類学的方法で分析するのはいささか困難になってくる。強い火熱を受けた骨は、縮んだり捻れたりして小さな破片と化し、もとの形や化学的性質を失ってしまうことが多いからである。年齢や性別の推定は、不可能ではないにしろかなり難しくなるし、計測研究も大幅に制限される。複数個体が混在しているときの個体識別は容易ではなく、そもそも人骨か動物骨なのか判断に苦しむ場合すら少なくない。とはいえ、焼けた骨に資料的価値がない、というわけではもちろんない。多くの人類社会で火葬は土葬とともに主要な葬法であることを鑑みれば、人類学・考古学における焼骨の重要性は明白である。ここでは、焼骨分析の一つの可能性として、古代東北の遺跡から出土した小さな焼骨片について、ミクロ形態学的方法により人骨かどうかを検討した研究を紹介する。

1．焼骨の人類学

骨は焼成の際に脆くなって細片化してしまうが、遺跡で土の中から見つかる焼骨は焼けた直後よりも硬くなっていることが多く、焼けていない骨に比べて残りやすい性質を持っている。この理由ははっきりとはわかっていないものの、イギリスの骨考古学者サイモン＝メイズは、高温で変化した骨の無機質が焼成後に水と反応することで強度を増す、焼成により有機質が消失したために微生物による分解作用を受けにくくなる、などの説明を挙げている（Mays 1988）。

骨の無機成分であるハイドロキシアパタイトの結晶構造は高温で変化するので、X 線回折により骨が焼けているかどうかを調べることが可能であるが、たいていの場合、骨の色調や質感から肉眼で焼成の有無を容易に判定できる。焼けた骨の形や色は、焼成温度や焼成時間、あるいは焼成時の骨の状態を反映することが多くの実験によって確かめられており、その知見は遺跡出土焼骨の分析にも応用可能である（Schmidt and Symes 2008）。たとえば、奈良時代の貴族で『古事記』の編纂者である太《おおの》安《やす》萬《ま》侶《ろ》の墓から出土した火葬骨を調査した池田次郎は、長骨における輪状の亀裂や捻転、表面の融解といった所見をもとに、皮膚や筋肉などの軟部組織が残っている状態で 700～800℃ 以上の温度で焼かれたことを明らかにした（池田 1981）。さらに、後頭部や肩の後部の骨の焼け方が弱いことから、薪を仰向けの遺体の上に積んで焼いたであろうと推考している。焼けた骨の残存状況から過去の火葬習俗を具体的に復元しようとする試みは他にもなされており、中近世において軸椎（火葬習俗で「喉《のど》仏《ぼとけ》」と呼ばれることもある上から 2 番目の椎骨）を別に扱う風習が存在した可能性や（田中 1985、奈良 1988）、地方によって火葬後の拾骨様式が異なっていたこと（楢崎 2007）などが論じられている。

2．仏教の伝搬と火葬習俗の広まり

縄文時代や古墳時代の遺跡ではしばしば焼成した人骨が見つかることがあり、遺体を焼く行為は古くから存在していたようである。だが、火葬習俗の確立と普及に大きな役割を果たしたのは、奈良時代に伝来した仏教思想といわれている。700 年に僧侶の道昭、703 年に持統天皇が火葬されたが、これらは仏教の影響を受けた最初期の火葬とされる。古代東北では、いわゆる「蝦夷」の勢力圏内で火葬墓は知られていないが、大和政権の支配地域が拡大するにつれて、仏教とともに火葬習俗が東北北部まで広まっていく。秋田・岩手地方では、すでに奈良・平安時代の遺跡に火葬墓をみることができる。しかし、さらに北の青森地方までいくと、中世の遺跡からは火葬骨が出土するものの、それ以前に火葬が行われていたかどうかは判然としない。10 世紀後半頃に密教が伝わっていた証拠が青森市内の遺跡で確認されているものの（山田 2006）、人骨が出土した同時期の墓はほとんどなく、埋葬習俗の実態と人骨の葬法については不明な点が多く残されている。

2003 年、青森市にある朝日山 (2) 遺跡の平安時代の土坑から、焼けた骨片がまとまって検出された。骨が出土した土坑は、発掘調査時の所見から墓の可能性が考えられたが、共伴した遺物がごくわずかであり、土坑の性格を解明するには、出土した焼骨が人骨か動物骨なのかを判定することが重要とされた。これが人骨だとすれば、古代東北北部の葬制の解明に資するところが少なくない。筆者は、調査担当者からの連絡を受けてこの焼骨を分析する機会を得たが、肉眼観察では大型の哺乳類の四肢骨片であることまではわかったものの、小片であったがゆえにそれ以上の同定は困難であった。そこで、この焼骨の切片を作成して顕微鏡で観察し、ヒトを含む各種大型哺乳類の骨組織形態と比較して、人骨かどうかを検討することにした。

3．焼骨のミクロ形態から人骨か否かを識別する

四肢長骨の骨幹部などを形成する硬い骨質を「緻密質」という。肉眼で緻密質を観察しても、その名のとおり隙間なく密に骨がつまっているようにしかみえないが、0.1 mm 以下の厚さにスライスして顕微鏡で覗くと、ごく細い血管が通る骨の管腔がたくさん見える。その管腔の多くは長骨の長軸に平行して走っていて、これを報告した 17 世紀後半のイギリス人医学者クロプトン＝ハバースにちなみ、ハバース管と名づけられている。ハバース管の周囲には同心円状に骨の層板と骨細胞が並んでおり、この同心円状構造をハバース系またはオステオンと呼ぶ (図 1)。オステオンやハバース管の大きさは動物によってだいたい決まっているので、それらの面積や直径を計測して比較検討することで動物の種類を推定することが可能である。また、ある種の動物群にみられる特

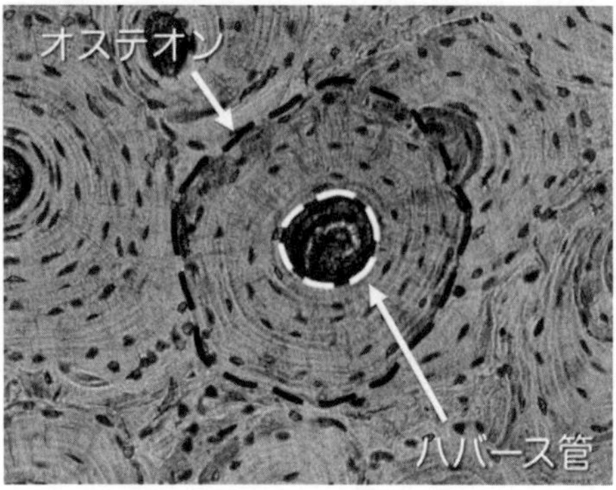

図 1　オステオンとハバース管

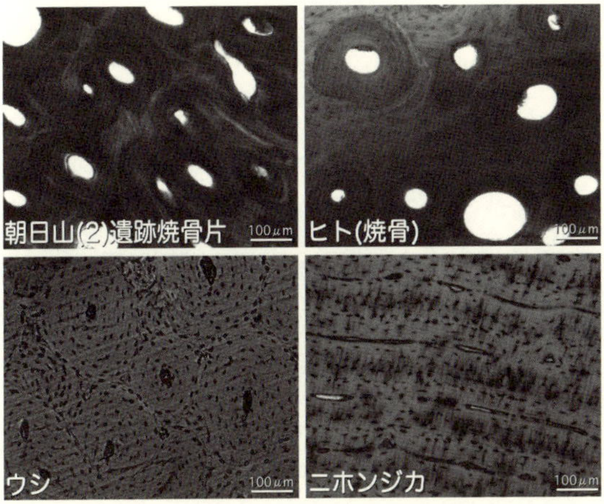

図2　顕微鏡でみた緻密質の組織構造

徴的な骨の構造（たとえば、ウシやシカなどの偶蹄類で顕著に発達する葉状骨）の有無も、動物種の識別に有効な指標となる。こうした骨のミクロ形態観察に基づく人獣鑑別の有効性は、特に実際上の要請が多い法医学分野においても、高く評価されている。

朝日山（2）遺跡から出土した焼骨片の組織像（図2左上）をみると、ヒト（図2右上）に似た比較的大きなハバース管とオステオンが認められた。葉状骨（図2右下）は形成されておらず、偶蹄類などの骨とは異なっている。焼成による骨の収縮も考慮しながら骨組織形態の計測的検討を行ったところ、出土焼骨片のハバース管の面積（1600～2100 μm^2）とオステオンの面積（23000～33000 μm^2）は、ヒトのそれ（ハバース管 1600～2500 μm^2、オステオン 31000～49000 μm^2、焼成により収縮した場合の推定値はハバース管 1400～2100 μm^2、オステオン 26000～41000 μm^2）に近い値を示していた。次に、日本列島でみられるいろいろな大型哺乳類の四肢骨の緻密骨標本を作製し、ハバース管とオステオンの面積を計測してその比（ハバース管の面積÷オステオンの面積×100）を算出してみると、ヒトの値（5.4〜7.3）は他の動物の値（クマ3.0〜3.1、ウマ3.9、イノシシ2.0〜3.5、ニホンジカ2.2〜3.4、カモシカ2.0、ウシ1.5〜2.6）とはっきり相違しており、この示数がヒトと動物を識別する際に有用であることがわかった（澤田他2010）。朝日山（2）遺跡の焼骨におけるこの示数は5.2〜7.6であり、ヒトにほぼ一致していた。以上の所見を総合すると、出土焼骨は人骨とみなして差し支えないと考えられた。

この結果は、平安時代にはすでに本州北端まで火葬習俗が及んでいた可能性を示唆するものである。肉眼では同定できない資料であったものの、土中で保存されやすい焼骨だからこそ、小片でも分析できたといえる。先に述べたように東北北部では古代の人骨の出土例がきわめて少ないが、従来であれば分析をあきらめていた小さな骨片でも、人骨かどうかを同定できれば葬送のあり方を具体的に復元する一助となる。骨のミクロ形態学は、焼骨研究の幅を広げていくための有効な分析手法になりうるのである。

（澤田純明）

「エミシ」の遺伝子型を探る

――東北古代人のミトコンドリアDNA解析――

5世紀頃から10世紀頃にかけて、時の中央政権は、自らに服従しない東北地方の人々を「エミシ」と呼んだ。「エミシ」として中央政権から一括された人々の中には、政権に服属しないばかりでなく、独自の言語など、中央政権の構成員と明らかに異なる文化をもった集団も存在していたのではないかと考えられている。文化が異なるということは、中央政権の構成員とは異なる人類集団、つまり遺伝的に異なる特徴をもった集団であった可能性がある。

筆者は、これまで北海道・東北地方出土の縄文時代から江戸時代までの人骨を中心に、古人骨のミトコンドリアDNA解析を行ってきた。解析した人骨の個体数はまだ少なく、各時代の人々の遺伝的特徴を完全に把握できているとはいえないが、現在のデータから明らかにできる範囲で、「エミシ」の遺伝的特徴を推測してみたい。

1．ミトコンドリアDNA解析とは

古人骨についての遺伝学的研究は、現在のところそのほとんどがミトコンドリアDNAを対象としている。以下に、その理由と、解析手法を簡単に説明したい。

ミトコンドリアは細胞内に存在する小器官であり、酸素呼吸によるエネルギー産生の最終段階を行っている。我々ヒトを含む真核生

物の細胞には、核に存在する核 DNA の他に、ミトコンドリアにも独自の DNA が存在している。DNA は、塩基がペアになって構成される（＝塩基対）帯状の構造物で、そこには遺伝情報が書き記された部分（＝コーディング領域）と書き記されていない部分（＝ノンコーディング領域）が存在している。

ヒトのミトコンドリア DNA は約 16569 塩基対からなる、全体が環の形をした DNA である。核 DNA に比べ、個人個人の遺伝情報として読み取ることのできるコーディング領域が非常に密に存在している（図 1）。

古人骨を遺伝学的に解析しようとする場合、ミトコンドリア DNA には以下の 3 つの利点がある。

①1 個の細胞に含まれる DNA の数が多い。1 個の細胞に 2 コ

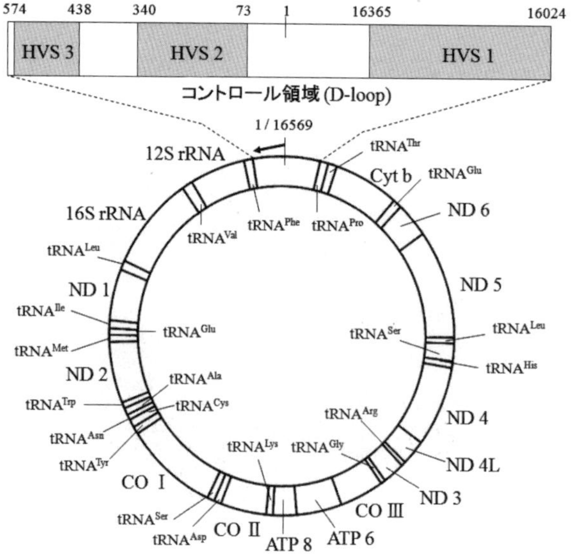

図 1　ヒトミトコンドリア DNA の構造

ピー（コピー＝同一の情報を持つDNAのこと、2コピーとは同一情報を持つDNAが2本あるという意味）しか存在しない核DNAと比べ、ミトコンドリアDNAは数百から1000コピー以上も存在する。古人骨を対象としたDNA分析では、検査試料中のDNAが経年変化により劣化・変性していたり、あるいは試料が非常に微量であったりする場合が少なくないが、上記の特徴から、こうした試料中にミトコンドリアDNAが残存している確率は、核DNAの場合に比べて高くなる。

②ミトコンドリアDNAは母親だけから子に伝わっていく（母系遺伝）。父親から子に受け継がれることは原則的にない。このため、母系の親族は原則的に何世代にもわたって同一の塩基配列のミトコンドリアDNAをもつことになる。このため、異なる時代の人類集団同士の血縁（母系の血縁）の有無を推定することができ、古人骨と現代人集団の遺伝的近縁性を調べることが比較的容易である。

③塩基配列の突然変異が核DNAの5〜10倍の頻度で発生するので、各個人が異なる塩基配列をもつ確率（多型性）が高く、ある程度の精度で個人識別ができる。しかし、父系の血縁解析ができ、かつ、複数の遺伝子を調べることにより精度を向上させることのできる核DNA解析と比べると個人識別能力は劣ってしまう。

古人骨ミトコンドリアDNA解析は、ミトコンドリアDNAの人類標準塩基配列と古人骨の塩基配列を比較して、その違いを検出することにより行う。

ヒトミトコンドリアDNAのすべての塩基配列は、1981年にAndersonらにより最初に報告された。各塩基には1番から順に番号が振られ、その位置がわかるようになっている。その後、何回かの訂正報告がなされ、現在、人類の標準塩基配列として広く用いられているものはrevised Cambridge Reference Sequence（rCRS）と呼ばれている。このrCRSと古人骨の塩基配列を比較して、その違いを検出するわけである。

先述したように、古人骨中に残っているDNAはごく微量であるため、古人骨から抽出したDNAを解析する場合、解析の前に抽出したDNAを増やす操作（増幅）が必要になってくる。現在では、PCR（Polymerase Chain Reaction）法という技術を用いて目的とするDNAを増幅し、その塩基配列を解析する方法が広く用いられている。

古人骨を対象としたミトコンドリアDNA解析の目的は、個人識別や血縁鑑定（ばらばらになった骨が同一人物のものか否か、あるいは、複数の人骨に血縁関係があるかを検査）に加え、集団として遺伝学的にどのグループに属するかを知ることにある。個人識別にミトコンドリアDNA解析を用いる場合、個人間で変異率の高いコントロール領域（遺伝情報をコードしていない領域。Displacement loop（D-loop）とも呼ばれる）の中でも、特に個体間の相違が大きいHypervariable segment（HVS）と呼ばれる場所を数カ所解析し、rCRSと比較する方法が主流である（図1）。しかし、HVSだけでは、集団としての遺伝的特徴を考察するには情報が少なすぎる。

そこで、ハプログループと呼ばれる考え方が生まれ、応用されるようになってきた。

ミトコンドリアDNAの塩基配列が突然変異により変化（塩基置換）することはすでに述べたが、こうした塩基置換によってミトコンドリアDNAにある種のグループ（系統）が生まれる。ある系統にさらに塩基置換が生じることで、元の系統から新たな系統が派生していく。こうしてできたミトコンドリアDNAのネットワークを系統樹といい、系統樹における分類単位をハプログループという（図2）。同一のハプログループに属する個体同士は、全塩基配列が同じとは限らないが、そのハプログループを規定している部位には共通

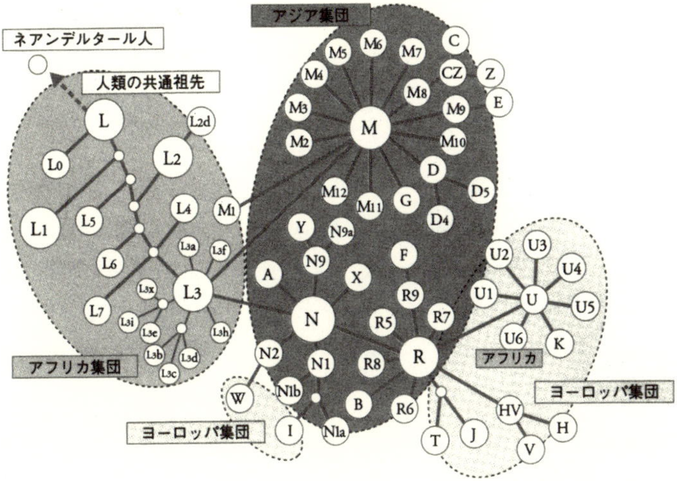

図 2　ミトコンドリア DNA のハプログループ間の系統関係（篠田 2007 より転載）

図中の記号はそれぞれのハプログループに付けられた学術的名称を示す。それぞれのハプログループが主に存在する地域を点線で囲んでいる。

の塩基置換がみられることになる。

観察されるハプログループの種類、およびその頻度は人類集団ごとに異なっており、ある人類集団に特異的にみられるハプログループも存在することが明らかになってきた。つまり、観察されるハプログループの種類、およびその頻度を比較すれば、人類集団間の近縁性を知ることができる。このハプログループという概念の導入により、ミトコンドリア DNA を用いた人類の遺伝的近縁性の議論が、従来に比べはるかに理解しやすくなったといえる。

我々の研究では、現代人について行われた多くの先行研究の結果、東アジア人集団を分類する上で特に重要と考えられる 27 領域と 2 ケ所の HVS の解析を併せて行い、古人骨のハプログループを決定してきた。

2．縄文時代人と現代人の比較から推測される 東北地方住民の遺伝的変遷

これまでのところ、「エミシ」の居住地である東北地方で発掘された最古の人骨は、縄文時代人のものである。そこで、東北地方の基層集団ともいうべき縄文時代人（〔安達他 2009〕のデータに青森県尻労安部遺跡出土人骨１体のデータを追加した合計 20 体：図 3）が、どのような遺伝子型を持ち、その出現頻度がいかなるものであったのかを図 4 に示す。

東北地方縄文時代人のミトコンドリア DNA の最大の遺伝的特徴は、ハプログループ N9b の頻度が非常に高いことである。この傾向は北海道の縄文時代人についても同様であることがわかっており（篠田・安達 2010 など）、このハプログループは少なくとも北日本においては縄文時代を代表する「縄文的遺伝子型」である可能性が高い。

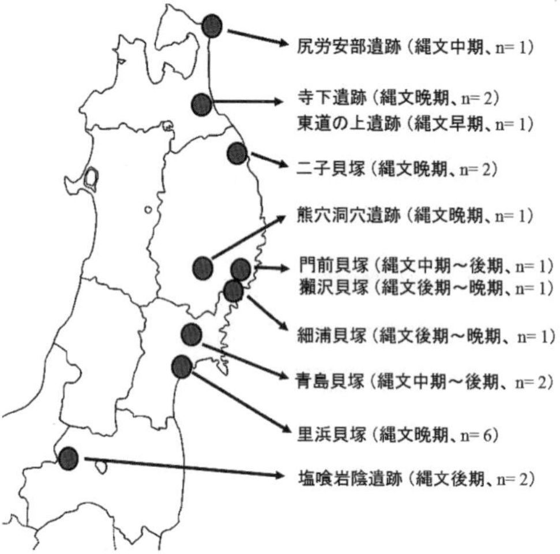

図 3　解析した東北地方縄文時代人の出土遺跡

一方、現代の東北地方住民の遺伝子型およびその頻度（Umetsu *et al.* 2005）をみると、ハプログループ N9b の頻度は大きく低下し、代わりに、東アジア全

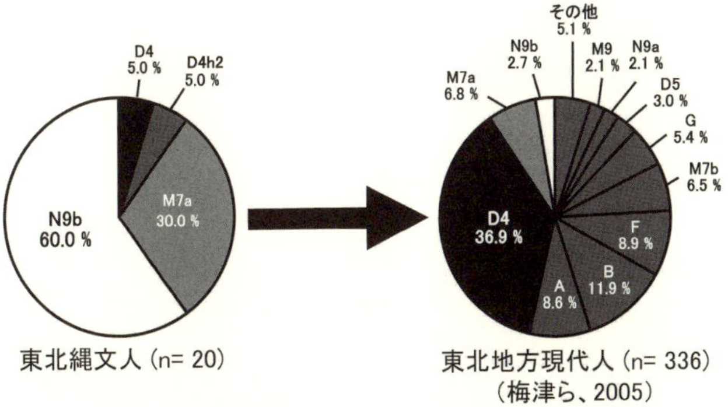

図 4　東北地方縄文時代人および現代人にみられたハプログループとその頻度

体で普遍的に高頻度であるハプログループ D4 の頻度が最も高くなっている。また、観察された遺伝子型の数も大きく増加している(図 4)。遺伝子型の増加は個体数の増加に伴うものである可能性があるが、主体を成すハプログループの種類の変化は、東北地方における主体的人類集団が大きく変化したことを示すと考えて良さそうである。言い換えれば、現代から時間を遡っていくと、いずれかの時点で N9b の頻度が増加し、縄文時代人に近づいていく傾向がみられるはずである。この作業仮説を検証するべく、これまで筆者らが解析してきた東北地方の各時代の人骨の遺伝子型とその出現頻度を、時代を遡りながらみてみることにする。

3．縄文時代以降の東北地方出土古人骨にみられる遺伝的傾向

最初に、江戸時代の東北地方日本人のデータを示す（青森県南郷村畑内遺跡、Adachi *et al.* 2004：図 5、6)。江戸時代の東北地方日本

人の遺伝的構成は、ほぼ、現代人のそれと等しいことがわかる。江戸時代から現代に至るまでの間に、日本人の遺伝子型を大きく変化させる出来事（たとえば列島以外からの大規模な侵略や移民など）はなかったので、当然とも考えられるが、ハプログループ D4 を中心とする現代日本人の遺伝的構成は、江戸時代にはすでに確立されていたことがわかる。縄文時代人で主体を成していたハプログループ N9b は全くみられなかった。

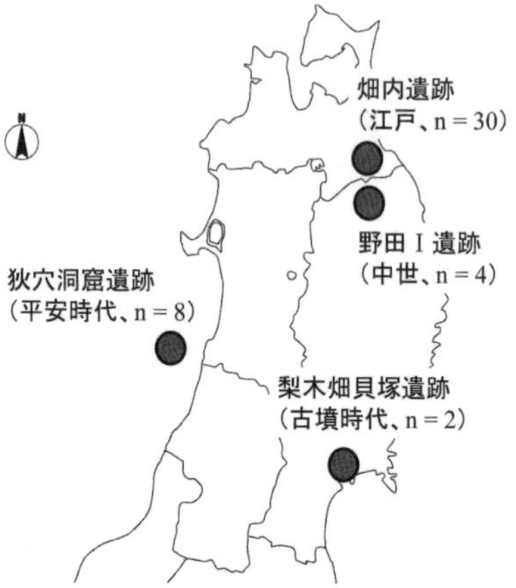

図 5　解析した東北地方古墳、平安、中世、江戸時代人の出土遺跡

続いて、平安〜中世の東北

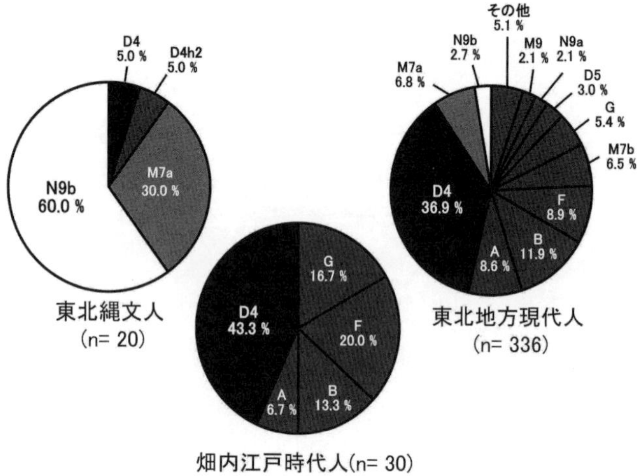

図 6　東北地方縄文、現代、江戸時代人にみられたハプログループとその頻度

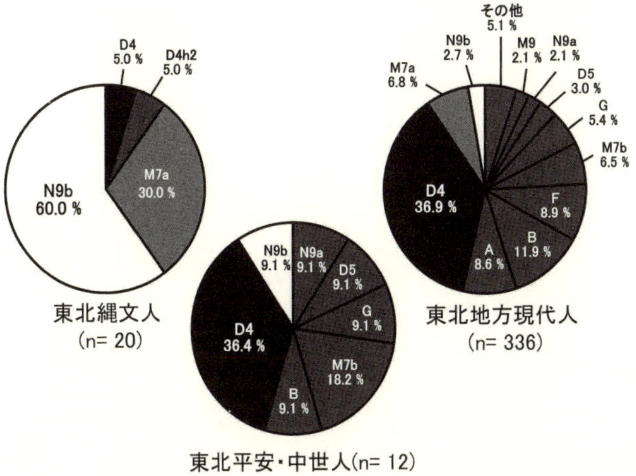

図7　東北地方縄文、現代、平安・中世人にみられたハプログループとその頻度

地方日本人のデータを示す。山形県酒田市・狄穴洞窟遺跡（安達他 2006：図5）および岩手県一戸町・野田Ｉ遺跡（安達・篠田　印刷中：図5）のデータをまとめると図7のようになる。平安〜中世でもやはり、遺伝子型の主体をなすのは、現代人、江戸時代人と同じくハプログループD4である。さらに、わずか12人の解析にもかかわらず観察されたハプログループの種類は7種類もあり、20個体で4種類観察された縄文時代人を上回り、遺伝的多様性が増していることが示唆された。ただし、縄文時代人で主体であったハプログループN9bも1個体観察された。

最後に、古墳時代に属する可能性がある、宮城県石巻市・梨木畑貝塚出土の人骨2体（百々他 2004）のデータを紹介する。1号人骨はハプログループD5b2に、2号人骨はN9bに分類された。わずか2個体の解析で、N9bが観察された。これは偶然である可能性もある。しかし、東北・北海道縄文人でN9bが60%以上の高頻度でみられることを考えれば、古墳時代の東北地方には、「縄文的遺伝子型」が、まだ色濃く残っていた可能性を示しているのではないだろうか。一方、縄文時代人には全くみられなかった D5b2 が観察されたことは、縄文時代以降の東北地方へのヒトの移動があったことを示唆しているのかもしれない。

4．東北地方のヒトの遺伝子型はいつ大きく変化したのだろうか

先に述べたように、現時点での東北地方の古人骨の遺伝的データは少数であり、これのみで遺伝子型の変遷を議論するのは無理がある。しかし、このようにわずかなデータからでも、古墳時代にまで遡れば、縄文時代に主体を成していた遺伝子型が東北地方に色濃く残存していた可能性は示されているのではないか。

この遺伝子型の変遷は、当然歴史上の出来事と深い関わりがあるはずである。まず思い浮かぶのが、弥生文化の北上である。弥生文化が東北地方の北部にまで到達していたことは事実であり、これに伴って文化の担い手である渡来系弥生人が東北地方に到達していた可能性は高い。次に考えられるのは、東北地方の人々を「エミシ」と呼んだ、中央政権による東北地方への計画的植民である。城柵を築き、柵戸と呼ばれた移民を大量に送り込む政策が、東北地方の人々の遺伝子型を大きく変化させたであろうことは想像に難くない。

繰り返しになるが、こうした仮説を検証するには、現在の遺伝的データはまだあまりにも少ないといえる。各時代を通して、より多くの個体を解析することが、「エミシ」と呼ばれた人々の遺伝的実像を解明するためには不可欠である。

（安達　登）

Ⅲ　DNAと安定同位体からみた古代東北人・南九州人②

南九州古墳人のミトコンドリアDNA解析の現状

南九州地域の人々というと隼人を連想される人も多いのではないだろうか。「隼人」は大和政権時代に南九州地域の異族に対して使われて以来、この地域の人々を呼称する言葉として定着しているが、南九州の山間部から出土する古墳人骨は、まさに「隼人」と呼ばれはじめた人々と考えても差し支えないと思われる。では、「隼人」の原像ともいえるこれらの人々は、どのような姿や容貌をしていたのか。また、彼らの成り立ちにはどのような人々が関わっているのか、さらに、古墳時代以降どのような過程を経て今の人々へとつながるのか。これまでの研究によって、これらの「疑問」に対する解答が少しずつ書かれてきた。しかしながら、分子遺伝学的立場からの解答は、まだ白紙に近い状態である。

私たちの研究室（長崎大学大学院医歯薬学総合研究科肉眼形態学分野）では、長年、西日本の各地域から発掘された古人骨の形態学的な研究を行っている。南九州地域の古墳人骨についても故内藤芳篤先生が1973年に宮崎県えびの市の灰塚遺跡の調査報告を行って以来、今日まで研究を継続している。近年では分部哲秋が中心となり、宮崎県立西都原考古博物館との共同研究に基づいた「南九州地域の古墳人骨を多分析方法によって総合的にその特性を究明する研究」を、同館へ幾度も足を運びつつ進展させて学会などで報告している（分部2009）。南九州古墳人のDNA研究は、その一環として始めた。形態学的な研究を主として行ってきた研究室であるため、開始当初は実験設備など十分ではなかったが、同大学の人類遺伝学教室・新川詔夫前教授、吉浦孝一郎現教授の協力もあり研究を進めることができた。徐々に実験器具や設備が整備され、現在はそれなりに実験・研究ができるようになっている。かけた年数の割には大きな成果を得られてはいないが、それでも研究を少しずつ進展させ、「疑問」に対する分子遺伝学的立場からの解答を書きはじめたところである。研究は進行中であるが、現状報告という意味合いで、私たちがこれまで研究してきたことと今後の見通しについて述べたい。

1．形態学的研究とDNA研究の目的

本題に入る前に南九州古墳人のDNA研究の意義・目的について、これまでの形態学的な研究結果を踏まえながら説明しておきたい。

私たちが、南九州古墳人のDNA研究を行っている目的は大きく2つある。1つは、南九州古墳人の系統的な位置づけを分子遺伝学的に解明することである。

南九州（山間部）古墳人の外観は、低顔で彫りが深く、また低身長でもあり、

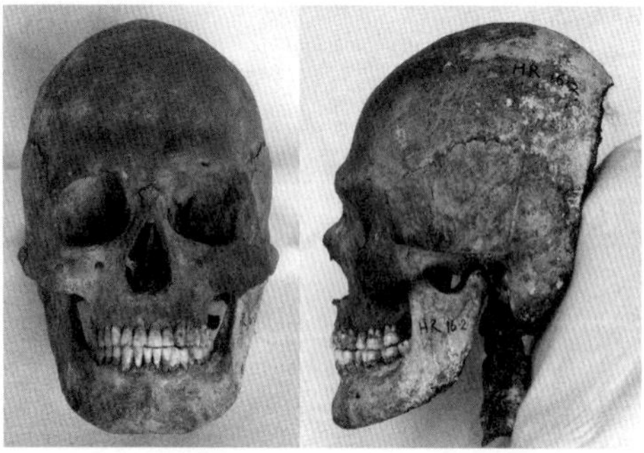

図1　南九州古墳人の頭蓋（えびの市広畑地下式横穴16号墓2号人骨、壮年男性）
顔の高さに対して幅が広く、彫りが深く、縄文人の形態に似ている。

縄文人とよく類似した特徴を持っている（図1）。そのため、当初、南九州（山間部）古墳人の系統的位置づけとして、弥生時代に日本列島へ渡来しその後の日本人の形成に大きく影響した渡来系集団の遺伝的影響をほとんど受けることなく縄文人形質が古墳時代まで継続されたものと考えられてきた（内藤1985、松下1990など）。

資料数がかなり増加した最近の頭蓋の計測的形態分析（分部2009）においても、同様の傾向が示されている。図2は頭蓋主要項目の計測値を視覚的に比較するために、大陸からの渡来系と考えられている北部九州弥生人を基準線として偏差折線を描いたものであり、基準線に近いほど北部九州弥生人に近く、離れているほど異なっていることを示している。南九州山間部地域の古墳人は、甲冑《かっちゅう》などの多数の鉄製武具が副葬品として出土する宮崎県西部えびの市出土の人骨（広畑および島内地下式横穴墓群）を「宮崎県えびの市域古墳人」として集計し、他の人骨（旭台、菓子野、大萩、立切地下

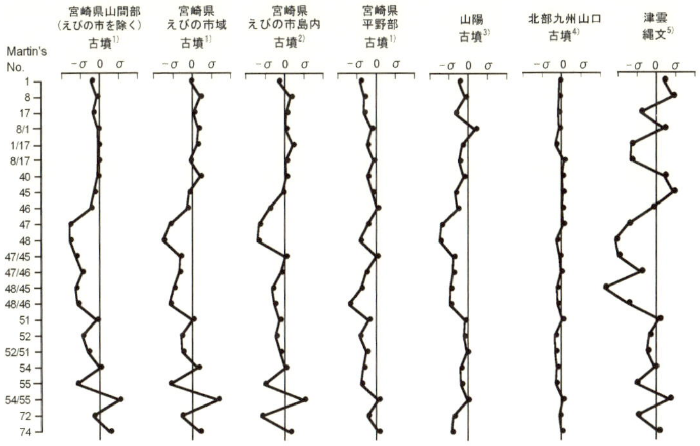

図2　頭蓋主要項目の偏差折線図（分部2009を改変）
基線：北部九州弥生（Nakahashi、1993）、[1]分部（2009）、[2]竹中（2001）、[3]池田（1993）、[4]Nakahashi（1993）、[5]清野他（1926）

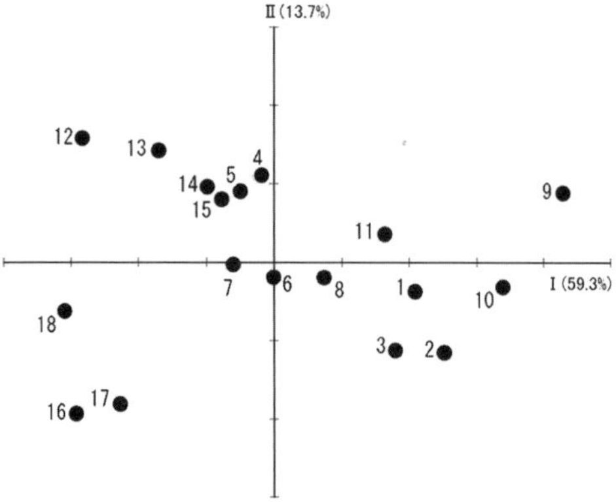

図 3　主要頭蓋計測 9 項目からのペンローズの形態距離に基づく主座標分析（分部 2009 から引用）

1：宮崎山間部古墳　2：えびの市域古墳　3：えびの市島内横穴墓　4：宮崎平野部古墳　5：北部九州山口古墳　6：山陽古墳　7：畿内古墳　8：関東・東北古墳　9：津雲縄文　10：関東縄文　11：西北九州弥生　12：安永田弥生　13：吉野ヶ里弥生　14：金隈弥生　15：土井ヶ浜弥生　16：中部九州現代　17：関東現代　18：中国漢代

式横穴墓群など）を「宮崎県山間部古墳人」として集計している。併せて、宮崎県平野部の古墳人骨の成績と 2001 年に竹中正巳が報告した島内地下式横穴墓群の成績も示した。

この図から南九州山間部（えびの市域を除く）古墳人とえびの市域古墳人とは折線がよく似ており、多くの項目が基線から離れて推移し、津雲縄文人の触れ方に脳頭蓋の項目を除いて近似していることがわかる。基準線に近接して推移する北部九州山口の古墳人とは対照的である。次いで主要 9 項目の計測値から集団間の生物学的距離を求め（ここではペンローズの形態距離）、その距離を基に集団間の距離関係を示す二次元の図を作成すると（図 3）、南九州山間部古墳人とえびの市域古墳人は、渡来系の弥生人集団からは離れ、縄文人や縄文系の西北九州弥生人に近い位置を示している。したがって頭蓋の計測学的分析では、南九州山間部古墳人はえびの市域の人々も含めて縄文人と類似した特徴を備えていると考えて、問題はないようである。

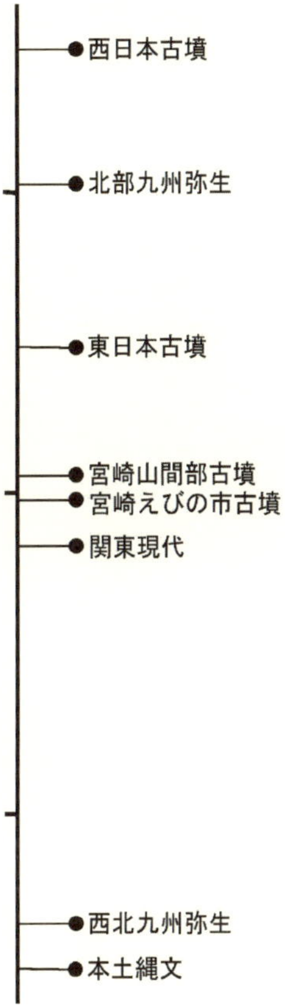

図 4　歯のサイズの比較（分部 2009 より引用）
宮崎山間部古墳、えびの市古墳は佐伯が計測したデータ、西北九州弥生は小山田（1992）、その他は Matsumura（1995）の成績から分析。
第三大臼歯を除く右側の上顎、下顎計 14 歯種の頬舌径および近遠心径から各集団間のペンローズ大きさ距離を求めて主座標分析を行ったもの。上にいくほど大きく、下にいくほど小さいサイズを示している。

ところが歯のサイズや頭蓋形態小変異の分析結果は、頭蓋の計測的分析にみられた縄文人との強い類似性はみられない。南九州古墳人の歯のサイズについては、先に小山田常一が大きい歯を持つ北部九州弥生人と小さい歯を持つ縄文人の中間的な位置関係にあることを示したが､えびの市域など、資料を増加した私たちの分析においてもほぼ同様の結果を示している。図 4 は、歯のサイズを縄文人、弥生人、本州の古墳人と比較したもので、南九州古墳人は山間部、えびの市域ともにサイズの小さい縄文人および西北九州弥生人とサイズの大きい北部九州弥生人および本州の古墳人のほぼ中間に位置していることがわかる。また、頭蓋形態小変異の分析結果を図 5 に示すが、この図は主要な 10 項目の頻度から縄文人、弥生人、本州の古墳人、現代人とのスミスの距離を求め、それに基づいて主座標分析を行い二次元の展開図を作成したものである。縄文人と西北九州弥生人は図の右の方に位置し、北部九州弥生人、土井ヶ浜弥生人、東日本古墳人、現代人の 5 集団は左方の狭い範囲にかたまっ

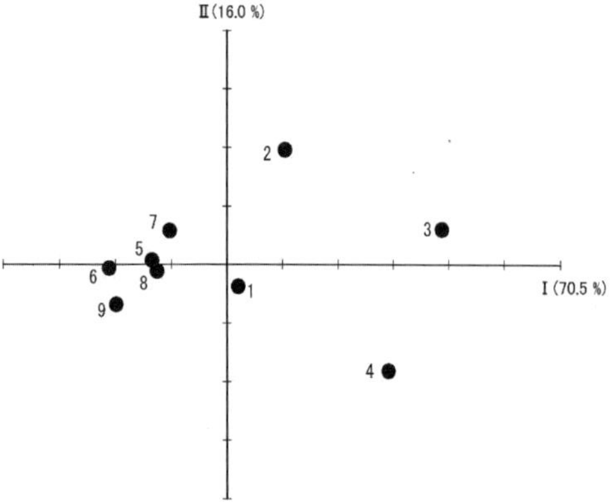

図5　頭蓋形態小変異主要10項目によるスミスの距離に基づく主座標分析（分部2009より引用）

分析の項目は前頭縫合、眼窩上神経溝、眼窩上孔、横後頭縫合残存、舌下神経管二分、翼棘孔、内側口蓋管、頬骨後裂、顎舌骨筋神経管および頸静脈孔二分。
1：宮崎県山間部古墳　2：宮崎県えびの市古墳　3：東日本縄文　4：西北九州弥生　5：北部九州弥生（佐賀）　6：北部九州弥生（福岡）　7：山口弥生　8：東日本古墳　9：現代日本人（長崎県）（3、6、7、8はDodo and Ishida 1990の成績）

て位置している。宮崎県山間部古墳人とえびの市古墳人はともにやや左方よりではあるが、両者の間に位置している。

したがって、頭蓋計測的形質、頭蓋形態小変異、歯のサイズの分析結果から総合的に考えると、南九州地域の古墳人の形態は「縄文人の形質を残しながらも変化しつつある」と解釈してよいかもしれない。この変化の要因は何であろうか？　考古学的側面からは、畿内型前方後円墳が古墳時代中期には宮崎平野部、大隅半島まで波及していることや、えびの市島内地下式横穴墓群から副葬品として甲冑などの豊富な鉄製武具が多数人骨と共に出土している例（竹中他2001）など、外来集団との交流やその影響も示唆されている。しかしながら、変化の要因がこれら外来集団の影響によるものなのか、生活環境によるものなのか、はたまた両要因が複雑に絡んでいるものなのかは、現段階で明確に説明することは難しい。

私たちは、ミトコンドリアDNAの解析によって、頭蓋の計測的分析結果と頭蓋形態小変異、歯冠サイズの分析結果でバラツキがみられる南九州古墳人の系統的位置づけを、分子遺伝学的な立場からアプローチして解明したいと考えている。より直接的な遺伝的系統関係を明らかにすることで、形態学的にバラつきのある特徴を説明するヒント、すなわち「変化の要因」を解明する手掛かりを得られるかもしれないし、将来的にもそうなることを期待している。

日本人の成り立ちには、大きく2系統の人々が関わっている。日本人の基層となっているのは、縄文時代から日本列島に住み続けている在地（縄文系）の人々であり、日本人の形質に大きな変化を与えたのは縄文時代末期から弥生時代にかけてやってきた大陸（東アジア地域）からの渡来者である。これら渡来者集団が移動や交流によって日本の各地域に拡散することで身体的特徴が徐々にあるいは急激に変化し、そして安定化していったのが古墳時代と考えられている。南九州古墳人の DNA 研究を進めていく上でも、この視点を踏まえて検討していく必要がある。

南九州古墳人の DNA 研究を行っている目的のもう1つは、同じ墓から出土した人骨の近親関係を分子遺伝学的に明らかにするためである。南九州古墳人が埋葬されている地下式横穴墓は、1つの墓に複数体が埋葬されており、多いときには 10 体近く出土することもある。これらは家族墓、同族墓と一般に捉えられているものの、記録があるわけでもなく、はっきりしたことはわからない。これらの人骨間の関係を分子遺伝学的側面から直接確認したい。出土人骨には、成人だけではなく小児など未成人の人骨もある程度含まれているため、親族関係を分析する好材料と考えている。DNA 解析によって、これまで推測の域を出なかった親族関係についての直接的な情報を得ることができると考えている。

2．分析資料

私たちがこれまでに分析を行った南九州古墳人骨は、日守、灰塚、大萩、旭台地下式横穴墓群出土の人骨計72体である。極端に保存状態が悪い人骨を除いてサンプル採取を行い、分析を試みた。また未成人骨についても、同一墓内人骨の近親関係を調べる目的もあるため、可能な限りサンプル採取を行い、分析を進めた。表1にその内訳を、また図6にそれぞれの遺跡の位置を示している。日守と旭台地下式横穴墓群は、宮崎県西諸県郡高原町所在、大萩地下式横穴墓群は西諸県郡野尻町に所在、灰塚地下

表1　分析した遺跡とその人骨数

遺跡名	成人			未成人	計
	男性	女性	不明		
日守地下式横穴墓群	6	4	0	0	10
灰塚地下式横穴墓群	2	3	0	1	6
大萩地下式横穴墓群	10	9	2	3	24
旭台地下式横穴墓群	14	9	2	7	32
計	32	25	4	11	72

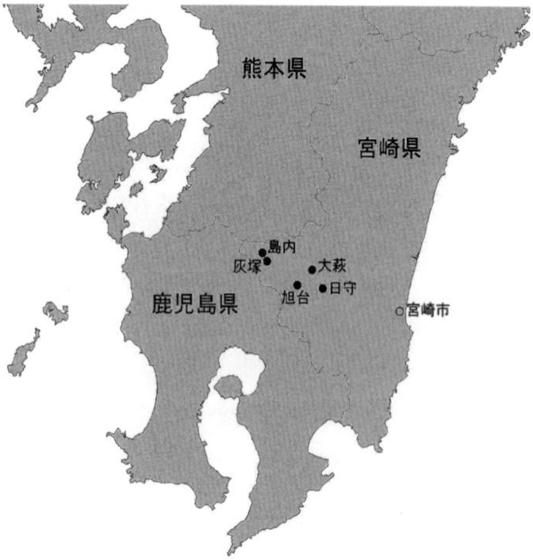

図6　ミトコンドリアDNAを分析した人骨の出土遺跡

式横穴墓群はえびの市に所在の遺跡であり、いずれも宮崎県の山間部（内陸部）に位置し、これらの人骨は形態学的には先に述べた特徴を備えた人骨である。この4遺跡の人骨の他に、島内地下式横穴墓群の人骨約100例について、現在分析を進めているところである。

この報告の中で私たちが南九州古墳人のDNA分析の対象としているのはミトコンドリアDNAである。普通、DNAというと細胞の核にあるDNA（核DNA）を指すが、細胞の中の小さな器官のミトコンドリア（エネルギーを作り出している）にも独自のDNAがある。ミトコンドリアDNAの解析を進める利点は、まず数が多いということである。核DNAが1つの細胞に2コピーしか存在しないのに対して、ミトコンドリアDNAは1つの細胞に数百から数千コピー存在している。古人骨の場合、DNAの保存状態の劣化・断片化が進行していることは避けられないので、コピー数の多いミトコンドリアDNAを利用した方が回収できる確率は格段に高いと思われる。また、ミトコンドリアDNAは突然変異が起こる部位も核DNAよりも割合として多いことや母親から子に伝わるDNAなので、集団の系統関係を調べるのにも適している。この報告の中で使用している「DNA」は断りがない限りミトコンドリアDNAのことと理解していただきたい。

3．分析方法

古人骨からどのような作業を経てDNAを回収し分析するのか、サンプル採取からDNA抽出を経て、シークエンス作業によって塩基配列を決定するまでの流れを少し具体的に説明しておく（実験の方法は適宜改善しながら行っており、現在の方法とは少し異なっているが、ここでは、今回の南九州古墳人骨の分析結果を得るために施した方法を説明する)。

(1) サンプル採取

DNA解析に使用する骨試料は、形態学的計測や観察に支障をきたさない部位から得ており、通常は破片となった四肢骨片や頭蓋片から採取することが多い。人骨がほぼ完全な状態で骨片がほとんど無い場合は、肋骨を一部切断してサンプルを採取する。また、歯根の歯髄腔には良質のDNAが残存しているとの報告もあるので、可能な場合は歯根をサンプリングすることもある。その場合はあらかじめレプリカを作製してから、歯根をダイヤモンドカッターで切断して採取する。採取した骨片や歯根サンプルは、表面を歯科用ドリルで薄く削り取った後、市販のDNA除去剤に5分間浸す。その後、大量の蒸留水で洗浄し、インキュベーター中37℃で十分乾燥させる(2日程度)。乾燥後は紫外線を30分以上照射して、次の粉砕へ進む。ここでの作業は、骨片や歯根の表面に付着した汚染DNAを除去・不活性化させるための処置である。

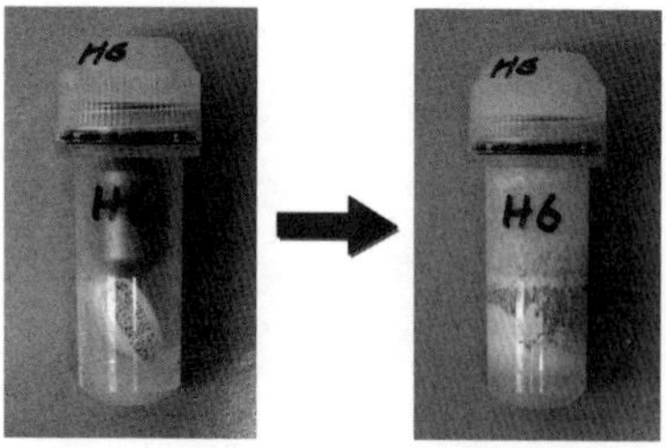

図7　サンプル粉砕チューブと粉砕の様子(左：粉砕前　右：粉砕後)

チューブ内での粉砕なので粉末の飛散がなく、クリーンで素早く処理できる。写真は肋骨片粉砕の例である。

(2) サンプルの粉砕

十分に乾燥させたサンプルは粉砕機にかけて粉末状にする。粉砕機にもいくつか種類があるが、私たちはチューブの中にサンプルと金属のビーズを入れ振動によって粉砕するタイプを使用している。使用の粉砕機では、20秒程度で完全なパウダー状になる（図7）。1体のサンプル量は通常300 mg程度である。

(3) DNAの溶出・抽出

粉末状にしたサンプルにDNA抽出液（組成は0.25M EDTA、10 mM Tris pH 8.0、0.5% SDS）を1200 μlと、タンパクを分解するProteinase K（20 mg/ml）30 μlを入れて十分混和し、55℃で一晩溶出させる。その後、フェノール・クロロフォルム抽出を行ってタンパクを取り除く作業を行い、エタノール沈殿を施した後、200 μlの純水あるいはTE（緩衝液）を加えて沈殿物を溶かす。この段階では、DNA抽出溶液の多くは薄い黄色から褐色を呈しており、次の過程（DNAの増幅）に進めてもうまくいかないことが多い。色素など、増幅を阻害する物質が取り除かれていないためだと推測されるので、市販のDNA回収キットを用いて精製を行った。ここまでの作業で、最終的に150～200 μlのDNA溶液を得て、次のDNA増幅過程へと進めた。

(4) DNAの増幅（PCR法）

解析を行った部位は、ミトコンドリアDNAのD-loop領域HVR1（Hyper variable region 1）16130-16390の部位で、PCR（Polymerase chain reaction、ポリメラーゼ連鎖反応）法で3組のプライマーセットを用いて増幅させた。それぞれプライマーセットの増幅領域は、16130-16228、16180-16302、16288-16390である。通常2段階の増幅を行い、1段目のPCR産物を鋳型として2段目のPCRを行った。2段目のPCR後、電気泳動を行い、増幅が認められればシークエンス過程へ進んだ。

(5) シークエンス

まず、PCR 産物を酵素反応によって処理し、PCR ダイレクトシークエンス用に調製を行った。次いで、市販のキットを用いてサイクルシークエンス反応を施し、ゲル濾《ろ》過《か》で酵素などを除去した後、シークエンサーにかけ、塩基配列の解読を行った。

これらの一連の過程が順調に進められたとして、最短でも 6〜7 日程度は必要である。

4．現在までの分析結果と考察

(1) 塩基配列の決定

南九州古墳人骨 72 例の DNA 分析を進めて、現在までのところ 30 例（41.7%）について、16130-16390（261 塩基対）領域の塩基配列を決定している。決定できた人骨の割合は他の古人骨の解析例に比べるとやや低めである。これは地下式横穴墓内の湿度がかなり高いことや火山灰の土壌であることなど、人骨保存の環境条件が影響して DNA の劣化が進んでいるためではないかと考えている。分析データは今後、増加していく予定だが、今回の報告ではこの 30 例の解析結果について検討していきたい。

表 2 に 30 例の塩基配列を一覧で示している。この表は標準の塩基配列と異なっている部位を表している。配列を比較すると、シークエンスタイプ（個別の塩基配列のこと）は 18 種のタイプが区別された。表の右端に①〜⑱のタイプの番号を記してある。18 種のシークエンスタイプの中でタイプ①〜③は複数例存在した。シークエンスタイプ①は 2 例で日守と灰塚にみられ、タイプ②は 10 例と最も多く、灰塚を除く 3 遺跡の人骨にみられた。タイプ③は 3 例で日守、大萩、旭台に 1 例ずつみられた。タイプ④から⑱はすべて 1

表2 ミトコンドリアDNA解析結果（解析領域は16130-16390）

解析人骨番号	性別	年齢	採取部位	変異の部位（16,000＋）※	シークエンスタイプ番号
日守54-2-下肢2	男性	成人	大腿骨片	223 261	①
日守54-3-1	男性	壮年	下肢骨片	223 362	②
日守54-3-2	女性	壮-熟年	歯根	223	③
日守55-1-3	女性	壮年	四肢骨片	223 362	②
日守55-2-2	女性	熟年	頭蓋片	223 362	②
灰塚9-1	女性	壮年	頭蓋片	223 261	①
灰塚10-2	不明	小児	頭蓋片	145 223 290 319	④
灰塚16	男性	壮年	頭蓋片	223 328 362	⑤
大萩1次3-2	男性	熟年	四肢骨片	184 223 274 311	⑥
大萩1次5-2	不明	熟年	頭蓋片	223 362	②
大萩1次5-3	—	小児	頭蓋片	362	⑦
大萩2次3-1	不明	成人	四肢骨片	223 362	②
大萩2次4-1	女性	成人	四肢骨片	209 223 274 328 362	⑧
大萩2次5-1	男性	熟年	四肢骨片	223 362	②
大萩2次6-1	女性	壮年	大腿骨片	223 362	②
大萩2次9-1	男性	壮年	四肢骨片	162 172	⑨
大萩37-4	女性	熟年	寛骨片	223	③
大萩37-5	男性	壮年	指骨	187 223 362	⑩
旭台7-2	女性	熟年	頭蓋片	223 362	②
旭台7-3	男性	壮年	四肢骨片	223 298 344	⑪
旭台7-6	不明	青年	四肢骨片	223	③
旭台8-1	女性	熟年	歯根	223 362	②
旭台8-2	—	小児	頭蓋片	223 362	②
旭台9-4	女性	熟年	歯根	221 223 274 311 362	⑫
旭台10-1	不明	熟年	歯根	187 223 290 319	⑬
旭台11-1	男性	壮年	歯根	140 144 223 362	⑭
旭台11-2	—	青年	歯根	172 182C 183C 189 223 362	⑮
旭台11-5	—	小児	四肢骨片	144 223 274 328 362	⑯
旭台番外1-A	男性	熟年	歯根	136 144 223 311 344	⑰
旭台番外1-B	男性	熟年	歯根	140 223 362	⑱

※ 変異の部位は、標準配列（修正版、Andrews *et al.* 1999）と異なる部位のみ列挙している。

例ずつであった。ただし、さらに長い領域を解析していけば、今回同一タイプとみなされた個体も異なるシークエンスタイプになる可能性がある。あくまでも解析した 16130-16390 の領域に限った場合のタイプ分類ということである。また、古人骨の DNA は経年による劣化や変性が生じ、PCR 法による増幅で本来とは異なった塩基配列となる場合もあると指摘されているので、この点も少し留意しておく必要があろう。なお、今回の塩基配列の決定の条件として、同サンプルから複数回の増幅、シークエンスを行い、その結果が一致したもの（再現性のあるもの）とした。

同一墓から複数個体の解析結果が得られた地下式横穴墓は、日守 54-3 号（2 体）、大萩 1 次 5 号（2 体）、大萩 37 号（2 体）、旭台 7 号（3 体）、旭台 8 号（2 体）、旭台 11 号（3 体）の 6 つの墓である。その中で人骨のシークエンスタイプが一致したのは、旭台 8 号墓に限られた。旭台 8 号墓から得られた 2 体は成人女性と小児の例であるので、母子関係の可能性も考えられる。その他の同一墓内の人骨はタイプが異なっていた。特に旭台 7 号墓と旭台 11 号墓はともに 3 体の解析をすることができたが、いずれもシークエンスタイプが異なり、母系の近縁関係は認められなかった。

(2) シークエンスタイプの検索

まず、今回の分析で決定された塩基配列と同じ配列を持つ現代人の検索を行った。検索は国立遺伝学研究所が運営している DDBJ（DNA Data Bank of Japan）に登録されているミトコンドリア DNA において、16130-16390 の全長を相同検索した。検索の結果を表 3 に示している。18 のうち 11 のタイプは、日本を含む東アジア集団でこれまで報告されている塩基配列に相同のものが存在した。なかでも、今回の解析で複数例みられたタイプ②と③は相同のタイプが

表 3　各シークエンスタイプの相同検索結果と推定されるハプログループ

シークエンスタイプ	解析人骨	相同な配列を認めた現代人の例	推定されるハプログループ
①	日守 54 2、灰塚 9-1（計 2 例）	韓国、ベトナム、インド	N9a
②	日守 54-3-1、大萩 1 次 5-2、旭台 7-2、他、（計 10 例）	多数	D4 or D5
③	日守 54-3-2、大萩 37-4、旭台 7-6（計 3 例）	多数	?
④	灰塚 10-2	韓国、中国、他	A
⑤	灰塚 16	なし	D4 or D5
⑥	大萩 1 次 3-2	なし	B or F
⑦	大萩 1 次 5-3	多数	G or M9 or D
⑧	大萩 2 次 4-1	なし	D4
⑨	大萩 2 次 9-1	インドネシア、マレーシア、他	?
⑩	大萩 37-5	中国、日本、他	D4 or D5
⑪	旭台 7-3	なし	C or F
⑫	旭台 9-4	なし	D4
⑬	旭台 10-1	日本、中国、韓国、他	A
⑭	旭台 11-1	なし	D4 or D5
⑮	旭台 11-2	中国、チベット、北東シベリア	B4
⑯	旭台 11-5	なし	D4
⑰	旭台番外 1-A	ネパール	F
⑱	旭台番外 1-B	日本、台湾、チベット	D4 or D5

かなり多数存在していた。タイプ③は、16223 のみが C→T に変異している配列で、東アジアの現代人の他にも、縄文人や弥生人、中国の古人骨など時代を越えていろんな集団に見出されている配列（篠田 2007）である。また複数のハプログループにみられるため、系統の分類には注意が必要な配列である。タイプ⑰と⑱はそれぞれネパール、チベットに相同な配列が存在している。この検索結果は、とても興味深い結果であり感慨深くもある。この点については、後の項目で述べる。

次いで、宮崎の現代人データ（Seo *et al.* 1998）の100例と同じ16130-16390領域の塩基配列で比較したところ、南九州古墳人のタイプ②と相同な例が11例、タイプ⑬と相同な例が2例みられた。タイプ②は東アジアにも日本にも多いタイプではあるが、宮崎の古墳人で30例中10例に、同現代人では100例中11例で一致し、ともに集団の中での割合が極端に大きいという結果は、地域的な特徴を想像させ興味深い。今後この配列についてもう少し検索および検討してみたいと考えている。タイプ⑬は旭台10号墓1号の配列で中国や韓国にも相同のタイプが検索されている。この2つのタイプ以外で、現代人データとの間に一致する例は確認されなかった。

シークエンスタイプ⑤、⑥、⑧、⑪、⑫、⑭、⑯は宮崎の現代人データ、DDBJの相同検索で一致する配列が認められなかった。1塩基違いの配列になるといずれのタイプも多数の個体との相同を示すので、これらのタイプがあり得ない配列ではないと考えているが、18タイプ中の7タイプで相同な配列がみられないのは、割合としてやや多い印象を受ける。先に述べたように、DNAの経年的な変性の影響で古墳人本来の配列が正しく増幅されなかったという可能性も念頭に置いておく必要がある。

(3) ハプログループの推定・分類

最近の集団の系統的分析は、ミトコンドリアDNAのハプログループを特定し、各グループの頻度から集団間の遺伝的関係を導き出すことが一般的になってきた。個人個人で異なる様々な塩基配列のパターン（ハプロタイプという）は、近い集団では似ているのに対し遠い集団では大きく異なることから、近い集団同士をまとめたグループのことをハプログループと呼び、遺伝的な指標となっている。このハプログループは地理的なまとまりをみせる場合が多い。

ハプログループの決定には各グループに特徴的な塩基配列の変異部位（coding region）を解析する必要がある。最近は1回のPCRで複数の領域を増幅し電気泳動のバンドの位置で標的の塩基を決定する方法（APLP法）が開発され、シークエンスすることなくハプログループを決めることができるようになった。もちろん古人骨にもすでに応用され、きめ細かく正確なハプログループの分類が古人骨でも行われるようになっている。今回の南九州古墳人では、残念ながらAPLP法による分析まではできなかったので、決定されたD-loop領域の塩基配列（表2のシークエンスタイプ）から各ハプログループに特異的な変異の組み合わせ（Tanaka *et al.* 2004など）を参考にして、各タイプのハプログループを推定した。表3の右端に各シークエンスタイプから推定されるハプログループを記載している。情報不足で推定できないタイプや複数のグループが候補のタイプもみられるが、南九州古墳人のハプログループはD4あるいはD5グループに推定されるものが多くみられた。図8は推定したハプログループの割合をグラフにしたもので、併せて本土の現代日本人（以下、本土日本人）と関東縄文人のハプログループの頻度も比較のために示している。ここで本土の日本人というのは、主として本州、四国、九州の日本人を指すことばとして使用している。

南九州古墳人のハプログループの頻度を本土日本人と比較すると、本土日本人に最も多いグループDとG合わせた頻度の割合はさらに高く（Dに推定されたものは厳密にはGの可能性もあるので両者を合わせた頻度としている）、M7a、M7bc、M8、M10がみられておらず、またグループBが低い頻度を示している。グループA、N9a、Fの頻度は比較的近似している。関東縄文人と比較すると、より差が顕著な印象がある。関東縄文人の頻度は多くのグループがバランスよく分類されているという感じで、南九州古墳人のグルー

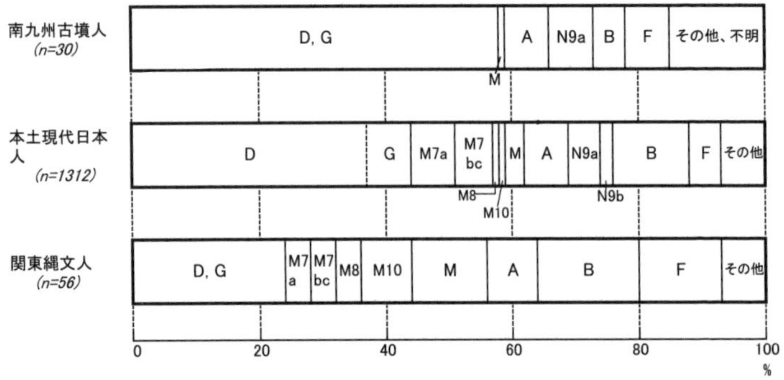

図8　南九州古墳人、本土現代日本人、関東縄文人のハプログループ頻度の比較

南九州古墳で複数のグループが推定される場合は頻度を分割した。本土現代日本人はTanakaら（2004）から頻度を集計して作成、関東縄文人は篠田（2007）から引用。

プの比率とはかなり異なっている。唯一、グループAの頻度だけが近い傾向にある。

(4)　分析結果から考えられること

今回の南九州古墳人DNAの解析は30例という少ない分析結果であるため、データが偏っている可能性が大きい。またハプログループもあくまでも推測なので、信頼性はやはり劣る。このことを理解してもらった上で、あえて今回の結果から考えられることを述べさせてもらうと、まず、縄文人的な特徴がみられないということが挙げられる。ミトコンドリアDNAからみた縄文人あるいは縄文系集団の特徴は、グループDの頻度が低いことや、東北や北海道の縄文人ではグループN9bの頻度が高いこと、沖縄の人やアイヌに多いグループM7aが高いことなどが指摘されている（篠田2007、Adachi *et al.* 2009など）。これらのいずれの特徴も南九州古墳人には認められない。一方、本土日本人の特徴であるＤとＧを合わせた頻度が多いという点は共通している。これらの結果だけから判断すると、南九州古墳人は縄文人や縄文系集団との類似性が弱く、本土日本人の方に似ているということになる。本土日本人は、渡来系の集団の影響を受けているとされているので、南九州古墳人も渡来系の影響が及んでいることが推測される。

結局、分子遺伝学的側面から南九州古墳人の系統的位置づけを今回の分析結果だけから説明すると、「縄文人的な特徴はほとんど認められず、渡来系の人々と共通した特徴を有しているが、渡来系の人々とよく類似しているとはいえない」ということになろうか。中途半端な表現であるが、今後、分析結果が増えることで、すっきりとした表現に変えていければと思う。

同一墓内人骨の分析については、6つの地下式横穴墓で検索できる例があったが、シークエンスタイプが一致したのは旭台8号墓の1組だけである。この1組は、成人女性と小児なので、母子関係を想定できる組み合わせである。これは、地下式横穴墓が家族墓あるいは同族墓であることを示す例で、意義のある結果が得られたと考えている。また、他の5つの墓で墓内人骨のシークエンスタイプが一致しなかったというのも考えさせられる結果である。これらのうち、4つの墓には成人の男性が含まれているので、母系ではない社会が成り立っていたのかもしれない。

また、先の（2）の項で触れたシークエンスタイプ2例（⑰と⑱）において、ネパール、チベットと相同の配列が見出されたことについて述べてみよう。

ここでは核DNAのＹ染色体について触れるが、このＹ染色体は父親から息子に伝わるもので、ミトコンドリアDNAと同様に配列の違いによってグループに分類されている。現在大きくＡ～Ｒの

18系統に分類されており、日本人はほとんどがC、D、O系統に分類される。この中のD系統（Yap型とも呼ばれる）は、ほぼ日本人（アイヌ、本土日本人、沖縄の人）に限定された系統で、近隣の韓国や中国（O系統が多い）にもほとんどみられず、縄文人（古モンゴロイド）特有の系統とされている（中堀2005）。不思議なことにチベットにもこのD系統がみられるのである。これは、もともとアジアには広くD系統の人々が暮らしていたが、新興のO系統の人々がアジアに流入、波及し、古いD系統の人々は山岳地のチベットと島国の日本で残ったと解釈されている。このことを考えると、南九州古墳人のミトコンドリアDNAのシークエンスタイプにネパール、チベットと相同な例があるということは、日本と遠く離れてはいるが共通の祖先につながっていることを想像させ、とても興味深い。

南九州古墳人からやや離れた話になってしまったが、同一墓内の人骨間の近縁関係を厳密に分析するためには、母系のミトコンドリアDNAの系統だけではなく、この父系に伝わるY染色体からの系統も分析することが必要である。将来、バイオテクノロジーの技術がより向上し、古人骨においてもY染色体からの系統分析が容易になれば、同一墓内の埋葬された人々の関係もより明確になるのかもしれない。分子工学的技術の向上を期待したい。

5．今後の課題

南九州古墳人DNA研究の現在の状況とこれまでの解析結果を述べてきたが、今後、分子遺伝学的系統関係をさらに追求していくために、次の3点を目標として取り組んでいきたい。1点目は、データを増やすことである。今回は南九州山間部古墳人30例の分析結果からの検討となったが、系統分析をするにはまだ不十分である。山間部古墳人のデータを増やしていくとともに、今後は、山間部とは形態的に異なる特徴を備え、渡来系の人々の強い影響が示唆されている宮崎市や西都市など平野部の古墳人骨からのデータも、集団の系統関係を分析するためには必要であろう。2点目は各人骨のハプログループを決定すること。今回は抽出・精製したDNA溶液がD-loop領域の分析でほとんど無くなってしまったため、残念ながらハプログループの分析までは進めなかったが、系統関係を解明するためには必要な、そして重要な分析であるので早急に取り組みたい。3点目は、すぐには難しいかもしれないが、核DNAの分析にも取り組むことである。最近、古人骨からの核DNAの研究も多くなってきた。古人骨の保存状態が良ければ、核DNAの分析も十分可能である。

日本の古人骨においても、近年、北海道大学の増田隆一らが、耳垢遺伝子と血液型遺伝子の分析結果について発表している。これらの遺伝子解析は､集団の系統関係について検索できるだけではなく、古人骨集団個々の形質や体質が復元できるという点で大きな意味がある。核DNAには、耳垢や血液型の他にも、形質や体質に関わる遺伝子が多数存在する。これらの研究を進めることによって、南九州古墳人の体質の復元も可能になると考えられる。

今後も、慎重にそして根気よく分析を続け、南九州古墳人のDNAデータを増加し、その地域的特性と系統関係解明の一端を担っていきたい。

（佐伯和信・分部哲秋）

同位体分析からみた古墳時代～古代における食生態の多様性

古墳時代は日本列島における古代国家成立の前段階にあたり、社会構造の複雑化が個人の生活にどのような影響を与えたのか、また水稲をはじめとする農作物が社会のなかでどのように流通し、消費されたかを復元することは、古代国家成立と生業の関係を知る上で興味深い。遺跡から出土する古人骨から、様々な生物学的な情報を抽出し、その個体の生前および死亡に関わる情報を抽出する骨考古学は、それらの歴史学的、考古学的な興味に対して一定の情報を提供できると期待される。

日本列島では、北海道から九州まで広範囲に分布する火山灰の影響のため、一般に保存状態の良い人骨資料を得ることが難しい。貝殻によってアルカリ性になっている貝塚遺跡は例外的に骨組織の保存に適しており、沿岸の遺跡に偏るものの縄文時代の人骨は比較的多くの数を集めることができる。弥生時代の人骨については、北部九州に分布する甕棺墓では密封された空間で土壌に触れることなく保存された人骨が、また山口県沿岸部の土井ヶ浜遺跡などでは水はけのよい砂丘に埋葬された人骨が多数発見されているが、それ以外の地域では洞窟や低湿地に埋葬された事例など、少数しか知られていない。同様に、古墳時代のまとまった人骨資料を分析することは容易でなく、本研究で行った分析的手法については、これまで九州地方北～中部に関するデータが報告されているのみであった（小池・Chisholm 1996)。

しかし、近年、東北地方や九州地方で古墳時代～古代の横穴墓から出土した古人骨を、必ずしも保存状態が良好でないものであっても、骨考古学の手法を用いて古人骨から最大限の情報を抽出しようという試みがなされてきた。本研究では、そのような研究の一環として、骨の有機物（コラーゲン）の化学成分から過去の人々の食生態を復元することを試みた。この手法では、骨の持ち主である個体の最晩年 10 年程度の平均的な食生活を、ある程度定量的に復元することができる。ただし、タンパク質であるコラーゲンに反映されるのは、主に食料に含まれるタンパク源であり、エネルギーとして重要な炭水化物や脂質については、情報を得るためには骨に残存するコレステロールや歯冠のエナメル質など異なる成分を分析せねばならない点に注意が必要である。

1．同位体食性分析

骨の化学分析に基づいて食生活を復元するために、我々は生体に由来するタンパク質コラーゲンを抽出した。コラーゲンは、体組織を形作るための基礎となる線維質のタンパク質であり、生体の骨では重量のおよそ 25％を占めている。骨組織はコラーゲン線維を基礎として無機質のハイドロキシアパタイトが取り囲むような構造をしており、条件がよければ数万年前の骨からでも生前に形成された有機物であるコラーゲンを得ることができる。生前には骨のハイドロキシアパタイトにも食物に関する情報は反映されるが、ハイドロキシアパタイトは生体中のカルシウム濃度を調整するという役割のために、結晶が未成熟であり、土壌埋没中に周辺の環境から影響を受けやすいという問題がある。一方、コラーゲンは比較的化学的に安定であり、前処理によって土壌有機物と分離することも可能であることから、もともと生体に由来するコラーゲンが保存されていれば、生体を形作った食物に関する情報も得られることになる。

抽出したコラーゲンが変質していないこと、土壌有機物が混入していないことを確認してから、含まれている炭素と窒素で同位体比を分析することで、過去の人々の食生活を知ることができる。同位体とは、化学的な性質は全く同じだが質量が少しだけ異なる原子のことだ。炭素では、99％の原子が質量 12 の炭素 12（^{12}C）であるが、約 1％は質量が 13 の炭素 13（^{13}C）である。窒素でも質量 14 の窒素 14（^{14}N）と質量 15 の窒素 15（^{15}N）が、それぞれ 99.6％と 0.4％程度の割合で存在している。上述したように、これらの同位体はそれぞれ化学反応における挙動は全く同じだが、質量の違いのため反応速度にごくわずかな違いがある。生態系のなかでの元素の循環に着目すると、炭素と窒素の同位体の割合（同位体比）が変化していることが知られている（和田・神松 2010）。コラーゲンでは、食物のタンパク質がもつ同位体比の特徴を、その摂取量に応じて反映することになる。

炭素や窒素の同位体の割合はごくわずかしか違いがないので、基準となる物質とどのくらいの割合で違いがあるのかを表す。基準となる物質には、炭素ではベレムナイトという軟体動物の化石、窒素では大気中の窒素を用い、それぞれの同位体比から試料の同位体比が何パーセントくらいずれているかを計算する。ほとんどの試料でそのずれは 1％以下なので、一桁小さな千分率（‰；パーミル）で表現することが一般的である。ベレムナイトは海にすむ動物だったので、後述するように ^{13}C が比較的多く含まれる。そのため、多くの生物で同位体比は負の値で示されるが、0 に近いほど（ベレムナイトの同位体比に近いほど）^{13}C の割合が高いことを意味する。

動物実験や生態学の研究などから、食物中のタンパク質よりも骨のコラーゲンには重い同位体が濃縮する傾向があり、コラーゲンでは食物中のタンパク質に比べて炭素同位体比で 4.5‰、窒素同位体比で 3.5％程度の濃縮が知られている。逆に言えば、この濃縮分を差し引けば骨コラーゲンの同位体比から、食物の平均的な同位体比を推定することが可能になる。コラーゲンの炭素同位体の割合は、特殊な光合成をする C_4植物、たとえばアワ・ヒエ・キビなどを摂取していると、より多くの^{13}C が含まれることになるので、堅果類やコメ・ムギ類が含まれる C_3植物を主に摂取していた人々と区別することができる。しかし、C_3植物である堅果類や野生の動物を主たるタンパク源とした狩猟採集民と、同じく C_3植物である水稲を主食とする農耕民を比較しても、我々が注目している炭素と窒素の同位体では顕著な違いが観察されない可能性もある。九州地方北～中部で行われた先行研究によると（小池・Chisholm 1996）、水田稲作を主要な生業とした古墳時代の集団では炭素同位体の割合では顕著な違いは観察されないものの、窒素同位体比は同じ地域に暮らした縄文時代の狩猟採集漁撈民よりも高くなる傾向にあることが報告されている。この現象の理由については、水田にすむ淡水魚の利用や、嫌気的環境に起因する脱窒の影響などがあげられる。

一般に古人骨で窒素同位体比が高くなる理由としては、海産物の利用もあげられる。生物の体内には^{15}N がより多く蓄積する傾向があるので、窒素同位体のうち重い^{15}N が占める割合は、食物連鎖の段階を経るごとに高くなることが知られている。通常、陸上の生態系には一次生産者である植物、それを食べる草食動物、そして草食動物を食べる肉食動物が存在する。それに対し、海洋や湖沼などの水域では、一次生産者である植物プランクトンに始まり、動物プランクトンや様々な大きさの魚類、そして大型魚類を補食する海生哺乳類など、陸上生態系よりもずっと長く複雑な食物連鎖の関係を有している。そのため、水域にすむ動物の窒素同位体では、^{15}Nの割合が陸上の動物よりもずっと多い傾向がある。したがって、海産物から多くのタンパク質を得ている人々の骨に残されているコラーゲンでも、^{15}Nの割合が高くなる。

窒素同位体比の上昇が人骨で認められたとしても、その原因を水田稲作農耕に求められるのか、それとも海洋生態系の利用によるものなのかを区別することは容易でないと考えられる。しかし、同じ地域に暮らした狩猟採集漁撈民や水田稲作農民と時系列で比較することができれば、古墳時代〜古代において水稲が果たした役割をある程度は把握できる可能性がある。とくに本研究では、それぞれの集団がどのような分布を示すかに注目することで、主要なタンパク源の数と種類を推定する。たとえば、2種類のタンパク源を利用していた集団は、その割合に何らかの理由で個体差がある場合、炭素と窒素の同位体比の散布図において直線的に分布することが期待される。タンパク源の種類が3種類になり、それが直線上に分布しない場合は、古人骨の同位体比も摂取した割合に応じて三角形内に分布すると考えられる（図1）。

最近、いくつかの動物実験から炭素と窒素の元素濃度によって、同位体比の混合は直線ではなく、曲線として計算する方が妥当な結果が得られることが示された（Phillips and Koch 2002）。たとえば、植物質では窒素含有量が動物質に比べて少なく、炭素の割合が相対的に大きい。この濃度の違いを、コラーゲンへのそれぞれの寄与率の違いとして係数に加えると、C_3植物（C/N比2.46）と海生魚類（C/N比4.3）を様々な割合で混合した曲線は図2のようになる（米田他2008）。厳密には、アミノ酸やペプチドとして吸収され、コラーゲンとして再構成される割合が高いので、元素数比が単純に反映するわけではないのだが、この混合曲線は、後述するように、沿岸の貝塚から出土した縄文時代人の分布がC_3植物と海生魚類の混合であることを非常によく説明するのである。

この方法にはまだ検討の余地があるが、本研究では一般的な日本列島の食性を形成するC_3植物と沿岸の浮魚を結んだ曲線をひとつの補助線として、日本列島各地から出土した古墳時代の人骨における炭素と窒素の同位体比と、近隣の縄文時代遺跡から出土した古人骨の分析結果を比較することを試みる。それによって、古墳時代における食生態の地域性、とくに水稲の役割について時代差と地域差を検討してみたい。

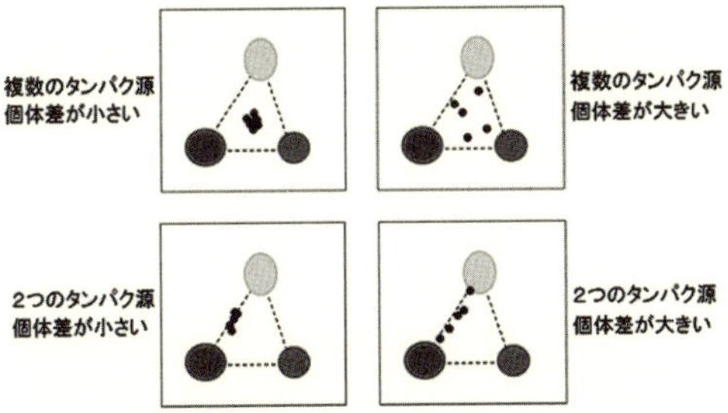

図 1　複数のタンパク質源を利用する集団で期待される分布パターン

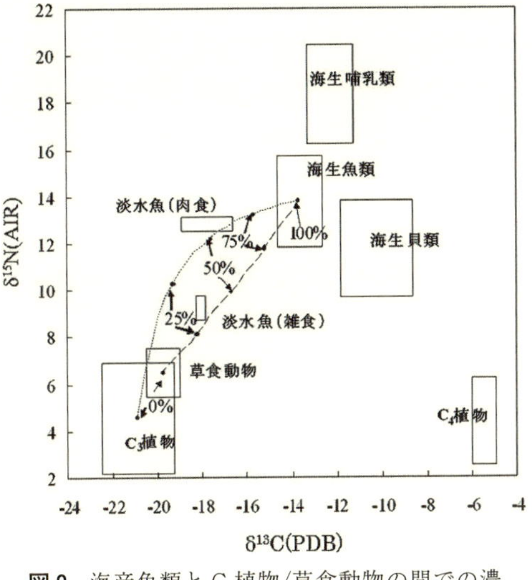

図 2　海産魚類とC_3植物/草食動物の間での濃度依存的混合曲線

図中のパーセントはタンパク質で海産魚類が占める割合を示す。

2．分析資料

本研究では、東北地方南部の古墳時代〜古代の資料として宮城県および福島県の5遺跡から出土した59個体の人骨試料を（表1、図3)、九州地方南部の資料として宮崎県の3遺跡から出土した77個体の人骨試料（表2、図4）を基に分析を行った。

東北地方の資料については、文献史学から想定される蝦夷の居住地の南限よりも北側であるが、大和朝廷の勢力範囲の象徴ともいうべき横穴墓の北限よりも南側に位置している(図3)。今回分析に供した東北地方の古墳時代および古代の人骨資料群について、川久保善智他（2009）は北海道の縄文時代人や続縄文時代人に比較的形質が近似する地理的な傾向があるものの、渡来系的な特徴を持った人々も少なからず含まれた多様な集団であると報告している。また、頭蓋の非計測項目や歯冠データからは、矢本横穴墓出土個体の多くは渡来系弥

図3　東北地方南部の古墳時代〜古代人骨出土地点

表1　分析に供した東北地方南部出土の古墳時代〜古代の古人骨資料

遺跡名	時期	所在地	所蔵機関	採取数	データ数
梨木畑貝塚	古墳時代前期？	宮城県石巻市	石巻市教育委員会	2	1
矢本横穴墓群	7世紀〜9世紀初頭	宮城県東松島市	東松島市教育委員会	38	29
熊野堂横穴墓群	6世紀末〜7世紀	宮城県名取市	東北大学総合研究博物館	8	7
深渡戸B横穴墓群	7世紀後半〜8世紀前半	福島県白河市	東北大学総合研究博物館	9	1
山王	8世紀後半〜10世紀	宮城県多賀城市	宮城県教育委員会	2	2

表 2　分析に供した九州地方南部出土の古墳時代の古人骨資料

遺跡名	時期	所在地	所蔵機関	採取数	データ数
島内地下式横穴墓	5 世紀前半～6 世紀後半	宮崎県えびの市	鹿児島女子短期大学	27	6
築池地下式横穴墓	5 世紀後半～6 世紀	宮崎県都城市	鹿児島女子短期大学	16	3
比良横穴墓	6 世紀末～7 世紀前半	宮崎県新富町	鹿児島女子短期大学	34	30

生人や東日本古墳人に近いことが示されている（瀧川・佐藤 2008)。考古学資料からは、矢本横穴墓では高壇式横穴墓や土師器などから関東地方や東海地方との文化的なつながりがあると指摘されている（東松島市教育委員会 2008)。

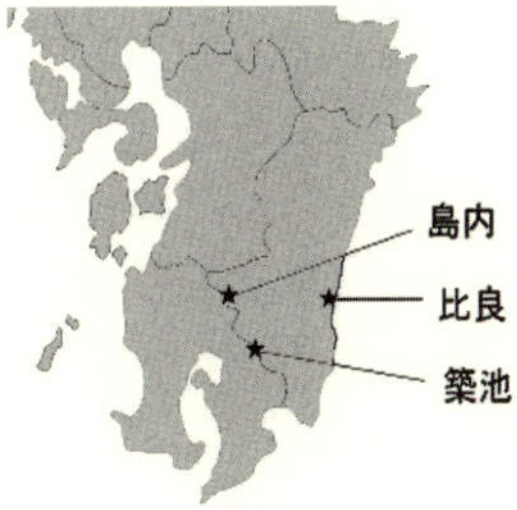

図 4　九州地方南部の古墳時代人骨出土地点

一方、九州地方南部の資料について、松下孝幸（1990）は縄文人的な形態学的特徴をもつ山間部の集団と、渡来系弥生人的な特徴をもつ沿岸・平野部（宮崎平野）の集団が存在したと指摘している。今回分析した人類集団のうち、内陸の島内地下式横穴墓の人骨形態について、竹中正巳他（2001）は縄文系の西北九州弥生人に頭蓋計測データでは類似するが、遺伝的な特徴を示す頭蓋形態小変異では渡来系集団の影響が認められるとしている。宮崎平野に位置する比良横穴墓では目立った副葬品は無かったのに対し、山岳部の地下式横穴墓の築池遺跡からは銅鏡が出土しており、島内地下式横穴墓からは甲冑《かっちゅう》や蛇行《だこう》剣を含む多数の副葬品が確認されている。比良横穴墓には複数個体が合葬されており、個体が重複しないと考えられる部分を中心にサンプルを採取したが、断片化がすすんだ資料が多かったため、個体重複の危険性は完全には除去できていない。

3．分析結果

表1に示したように東北地方の人骨資料では59個体の古人骨から40点のデータを得ることができた。残りの19個体については有機物が残存していたものの、炭素・窒素比が生体で期待される値（2.9～3.6）から外れており、続成作用の影響を強く受けていたものと考えられたので、食性復元の議論からは除くこととした。図5に東北地方南部の古墳時代～古代人骨40個体における炭素・窒素同位体比を示す。全体的にC_3植物を主なタンパク源としていた場合（2～7‰）よりも高い窒素同位体比を示しており、水産物などの窒素同位体比が高い食品を利用していたと考えられる。遺跡間の相違に着目してみると、矢本横穴墓集団では窒素同位体比が高く、相対的に炭素同位体比が低いのに対し、熊野堂横穴墓集団では窒素同位体比は比較的高いものの、炭素同位体比は比較的高いという違いがある。炭素同位体比の平均値についてはt検定で有

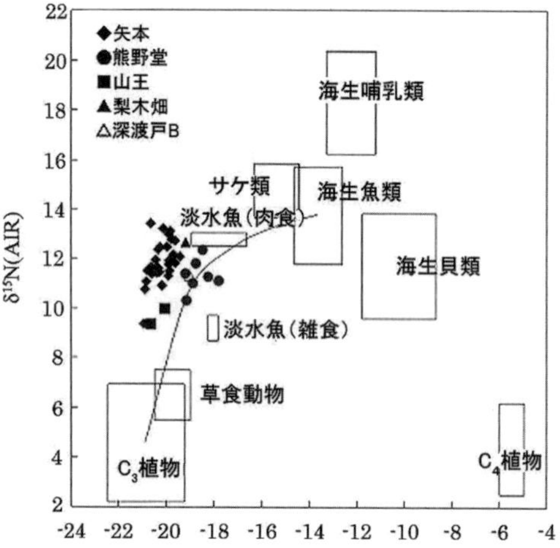

図5　東北地方南部の古墳時代・古代人骨の炭素・窒素同位体比

意な違いが認められるものの（P＝2.95E-10）、窒素同位体比の平均値については有意な差ではない（P＝0.0623）。各1個体ずつしかデータが得られなかった梨木畑貝塚および深渡戸B横穴墓の人骨は、梨木畑貝塚個体は矢本横穴墓集団に近似する値を、深渡戸B横穴墓の人骨は熊野堂横穴墓集団に近似する値を示した。前者については沿岸に立地する近隣の遺跡であり、後者は地理的には近接しないが比較的内陸に立地しているという共通点を有している。

次に九州地方南部の資料に目を転じると、地下式横穴墓の人骨（島内・築池）でのコラーゲンの保存状態が非常に悪く、それぞれ27個体中6個体（22%）と16個体中3個体（19%）でしか食生態の復元に使えるデータを得ることができなかった。一方、平地の横穴墓である比良横穴墓では34点中30点から保存状態のよいコラーゲンを回収することに成功した。同じ時代に属する資料でも遺跡の環境によって保存状態が大きく異なっていた。図6に九州地方南部における古墳時代集団の炭素・窒素同位体比を示す。この地域でも窒素同位体比に大きな変動が認められ、いずれの集団でもC_3植物を生

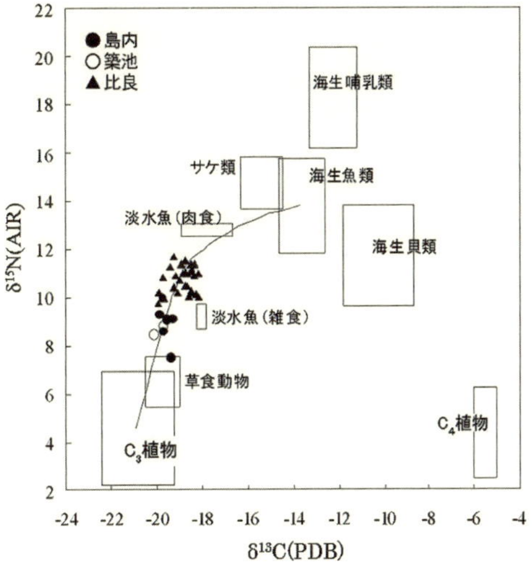

図6　九州地方南部の古墳時代・古代人骨の炭素・窒素同位体比

産者とする天然の陸上生態系以外に海産物や内水面の資源をタンパク源として利用していたと考えられる。集団間の違いを観察すると宮崎県の山間部に位置する地下式横穴墓群である島内集団と築池集団の窒素同位体比が、平野部に位置する横穴墓群である比良集団よりも、明らかに低いことがわかる。島内・築池集団と比良集団では炭素同位体比・窒素同位体比でともに有意差がないので、両者を併せて山間部集団として平野部の比良集団と比較すると、窒素同位体比でも炭素同位体比でも有意な相違が存在した（窒素同位体比では等分散を仮定したｔ検定でＰ＝1.06E-09、炭素同位体比では不等分散を仮定したｔ検定でＰ＝6.35E-07）。平野部の比良集団がより窒素・炭素同位体比の高い水産物などの食料資源を多く利用していたと考えられる。

4．考　察

古墳時代の食生態を、天然の動植物資源によっていた縄文時代と、農作物が重要な役割を果たすようになった江戸時代の人骨における同位体比と比較することで、その時代的特徴を検討してみたい。図7に東北地方の縄文時代人骨で示された炭素・窒素同位体比を示す。古墳時代～古代のデータよりも遺跡間の違いが非常に大きいことがわかる。全体的に窒素同位体比が低く、C_3植物と海生魚類あるいは貝類との混合曲線の間に収まる個体が多い。このことは人骨の発見された縄文時代遺跡の多くが貝塚遺跡であり、C_3植物と海産物を主要なタンパク源にしていたことを意味している。

一方、図8をみると江戸時代の東北地方の人々は2つのグループに分かれることがわかる。窒素同位体比が類似するが、炭素同位体比が低いグループと高いグループに分かれ、前者はC_3植物である水稲や畑作物を利用していたのに対し、後者に属する上野遺跡（青森）や荒谷遺跡（岩手）は炭素同位体比の高い C_4 植物に属するアワ、ヒエ、キビなども重要なタンパク源であったと考えられる。前者の C_3 植物と海産物を利用するグループは、天然の動植物を利用していた縄文時代とは同位体の特徴が一致せずに、むしろ古墳時代人骨と近似する傾向がある。古墳時代の集団は、補助線として引いた C_3 植物と海生魚類の混合曲線よりも上方に分布しており、窒素同位体比を上昇

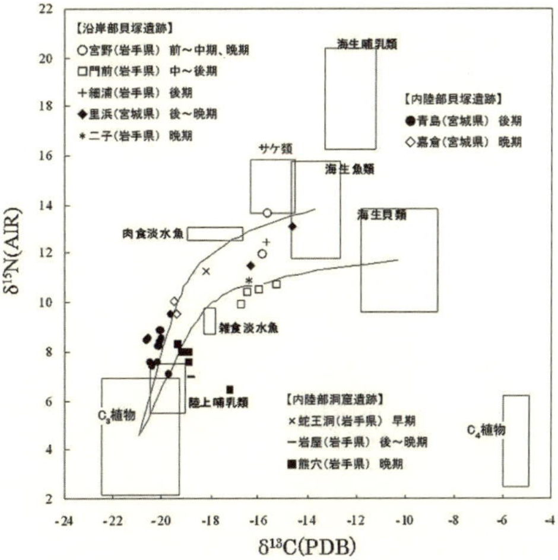

図 7　東北地方の縄文時代人骨の炭素・窒素同位体比

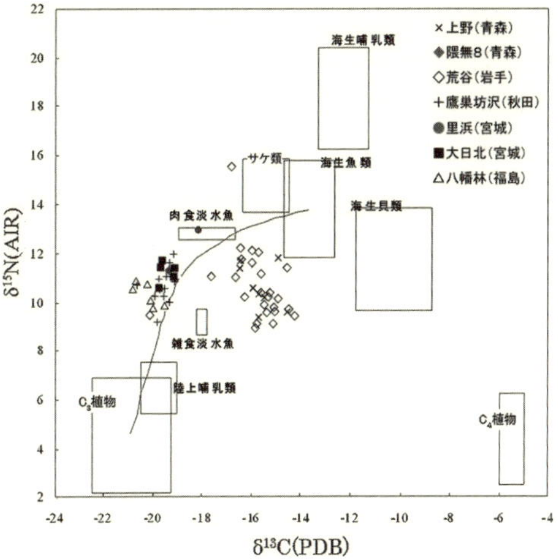

図 8　東北地方の江戸時代人骨の炭素・窒素同位体比

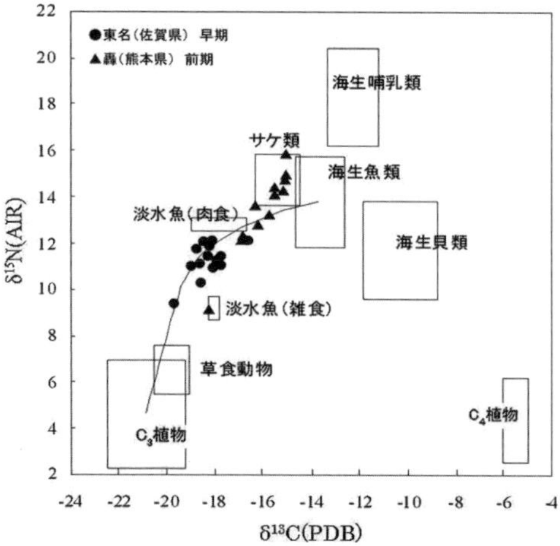

図 9　九州地方（有明海沿岸部）の縄文時代人骨の炭素・窒素同位体比
轟遺跡のデータは南川（2001）による。

させる別の生態系を利用しており、水田よりもたらされる水稲あるいは淡水魚の利用が重要であった可能性がある。特に矢本横穴墓と梨木畑遺跡の人骨については、江戸時代人集団と近似する傾向にあり、水稲や淡水魚など水田環境に由来する食料資源に大きく依存していた可能性を検証する必要がある。

九州地方南部では保存状態のよい縄文時代人骨が少なく、また江戸時代人骨についても同位体分析の結果が報告されていない。ここでは、佐賀県の東名貝塚（縄文時代早期）と熊本県の轟貝塚（縄文時代前期）の炭素・窒素同位体比を図 9 に示す。この 2 遺跡は有明海に面した貝塚遺跡であり、どちらもかなり高い窒素同位体比を示していることから、魚貝類を積極的に利用していたと考えられる。C_3植物と海生魚類の混合曲線と比較すると、両者はその曲線上に位置していることがわかる。海産物でも栄養段階が比較的高い魚類をより重要なタンパク源にしていたと考えられる。とくに轟貝塚では海生魚類が非常に重要な食料資源であったようだ。図 10 に福岡県北九州市の京町遺跡と佐賀県鍋島藩家老の神代《くましろ》家墓所の江戸時代人骨の炭素・窒素同位体比を示す。その結果では、窒素同位体比が C_3

植物と海生魚類の混合曲線よりも高いことが明らかである。神代家墓所の性質を考慮すると、C_3植物・海生魚類混合曲線よりも上方に分布するパターンは、嫌気的な環境によって高い窒素同位体比となった水田が影響していることが考えられる。九州地方南部の古墳時代人は海産物の利用に地域性があるが、水田環境に由来する水稲や淡水魚の利用は顕著ではなかったものと推測される。平地に位置する比良集団ではより多く海産物が利用されており、C_3植物は天然の森林や畑作に

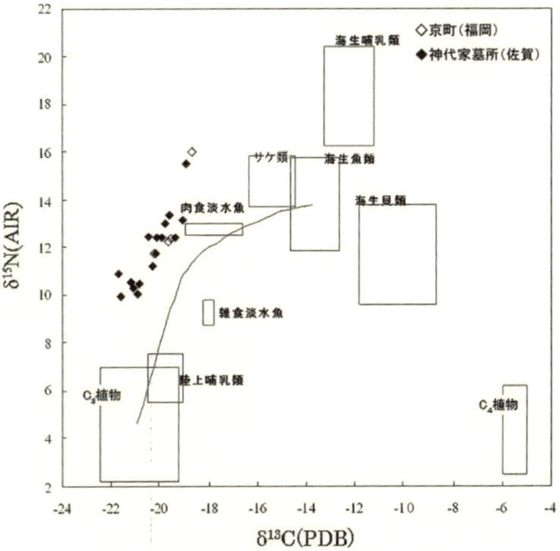

図 10　九州地方北部の江戸時代人骨の炭素・窒素同位体比

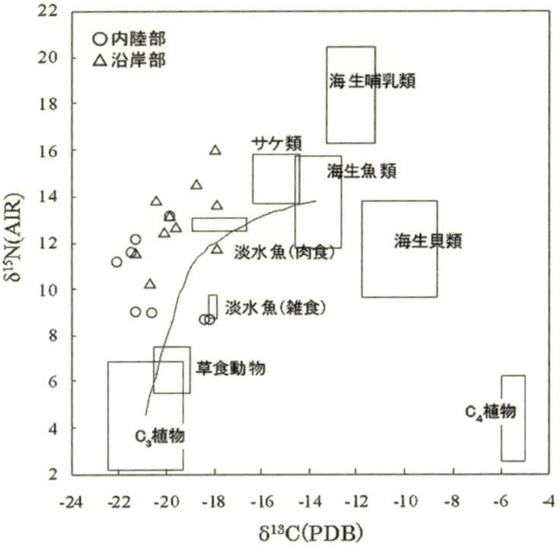

図 11　九州地方北～中部の古墳時代人骨の炭素・窒素同位体比
データは小池・Chisholm（1996）による。

よって得られた植物が中心であったと推測される。また分布が直線上でないことから、第 3 のタンパク質源として C_4植物の利用があった可能性も考慮する必要がある。

図 11 に、小池・Chisholm（1996）で報告された九州地方北〜中部の古墳時代遺跡のデータを沿岸遺跡（寺島 5 号石棺、谷口古墳、老司古墳、上ノ原横穴墓、竹並遺跡）と内陸遺跡（宇土 3 号墳、寺山石棺、十一横穴）に分けてプロットした。九州地方北〜中部では、古墳時代において窒素が C_3植物・海生魚類混合曲線よりも明らかに高い個体が数多く見られる点で、九州地方南部の個体とは大きく異なることがわかった。これは水田を含む淡水環境の利用を示唆しているが、内陸・沿岸の立地の違いは小さかったようである。九州地方南部でも内陸と沿岸の双方で C_3植物と海生魚類を利用した特徴が認められたことから、九州では食生態、とくに水田を含む炭水環境の利用頻度が異なる 2 つの集団が北と南に分かれて存在していたようだ。形態学で指摘されていた内陸山岳部と沿岸平野部との間での縄文系・渡来系集団の棲み分けとは必ずしも一致しない結果であり、今後さらに検討する必要がある。

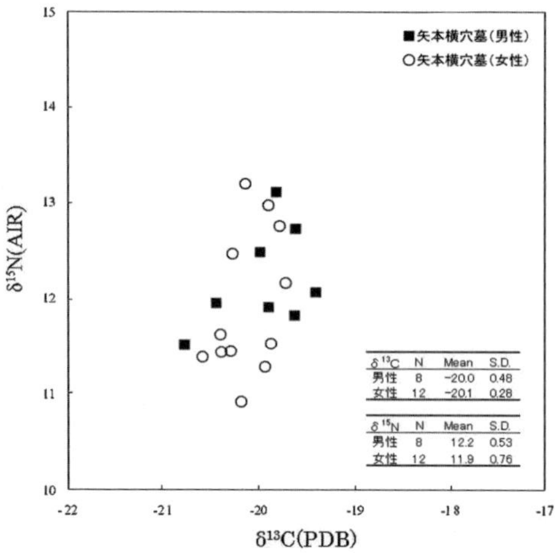

図 12　矢本横穴墓における男女の炭素・窒素同位体比の比較

最後に、個体数が多く得られた宮城県矢本横穴墓を中心に、古墳時代～古代の食生態に男女差があるかを検討した。図12に矢本横穴墓の個体を男女別にプロットした。炭素同位体比でも窒素同位体比でも両者の間には有意な差は見られず、当時南東北地方に存在した水田稲作を積極的に活用したと考えられる矢本集団では、食生態に男女差がなかったと考えられる。

5．安定同位体からみた古代東北人・南九州人

本研究では、これまで同位体分析の結果があまり報告されてこなかった古墳時代～古代の人骨について、近年資料が増加した東北地方南部と九州地方南部を中心に炭素・窒素安定同位体比の測定を実施した。これらの地域は大和朝廷の勢力圏境界付近に位置していることから、今回の検討では蝦夷や熊襲といった在地系集団との関わりについて、興味が持たれた。

東北地方南部では、熊野堂横穴墓と深渡戸横穴墓集団の同位体比はC_3植物と海生魚を結ぶ混合曲線上に位置しており、天然の動植物を利用する狩猟採集生活を営んでいた縄文時代と近似する傾向が認められた。それに対し、矢本横穴墓と梨木畑貝塚、そして古代の山王遺跡の人骨は、C_3植物・海生魚類混合曲線よりも高い窒素同位体比を示しており、水田という人為的に作られた新しい生態系から水稲や淡水魚を得ていた可能性が考えられる。熊野堂横穴墓と深渡戸横穴墓はやや内陸に位置しており、水田適地がなかったことが食生態に影響したのかもしれない。川久保ほか（2009）による頭蓋計測値18項目に基づく判別分析では、矢本横穴墓出土の一部個体は東日本縄文人に、山王遺跡および熊野堂横穴墓の個体は北部九州弥生人に、見かけ上は判別されている。この形態学的な特徴が典型的な

縄文時代の狩猟採集民と渡来系弥生農耕民の食生態を有しているならば、山王遺跡と熊野堂横穴墓の個体が窒素同位体比が高い傾向のある水稲をより多く利用したと期待される。しかし、骨コラーゲンの同位体比から推測された食生態では、熊野堂横穴墓群がC_3植物と海生魚類を組み合わせた縄文時代的な食生態を有しているのに対し、矢本横穴墓群では水稲がより多く利用された可能性が示されており、形態学的な特徴から類推された食生態とは一致しない。一方、矢本横穴墓からは高壇式横穴墓や関東系の土師器が存在することから、関東地方の上総東部とのつながりが指摘されているが、基本的に地方の官衙《かんが》官人を中心とした墓地であると考えられている点は、今回の同位体から推定された水稲を利用する食生態と矛盾しない。

九州地方南部では、江戸時代にみられるようなC_3植物と海生魚類の混合曲線よりも同位体比が高くなる傾向は認められず、水稲や淡水魚を多く利用した食生態は認められなかった。山間部に位置する地下式横穴墓（島内・築池）と沿岸の横穴墓（比良）はともにC_3植物と海生魚類を結ぶ曲線状に位置しており、この２つの食料資源が主たるタンパク源だったと推定される。その量については、沿岸の比良横穴墓でより海産物の依存度が多くなる傾向が認められた。また、比良横穴墓では炭素同位体比にも比較的大きな変動が見られることから、畑作によるC_4植物の利用の可能性についても今後議論する必要があるだろう。

（米田　穣・竹中正巳・瀧川　渉）

コラム②

古病理学と古微生物学のはざまで

——古代の病原体解析——

人類が罹患するあらゆる病気の中でも、とりわけ微生物やウイルスを病原体として引き起こされる感染症は、他者へ次々と伝染していくという性格上、社会的にも計り知れない影響力を持つ。インフルエンザ、結核、コレラ、チフス、赤痢をはじめ、世界中で流行を極めた天然痘やペストに至っては、かつては治療法が確立していなかったこともあって、人口変動や移住といった人類史の展開にも少なからず関与してきた。

1．古病理学と古微生物学

自然人類学の一部に古病理学（palaeopathology）という領域がある。これは、過去の人間の遺体、とりわけ骨格に遺された病的な痕跡を基に、その人物が生前に罹患していた疾患や外傷、障害などを特定し、あるいはそのデータを年齢・地域・時期別に収集し、統計学に基づいた疫学的分析を実施するものである。古病理学では古人骨における病変部位の肉眼観察が基本となるが、感染症については骨格系に直接関与しない方が圧倒的に多く、たとえば結核のように骨にも影響を及ぼし得る感染症でも、実際に骨にまで至らなければ、罹患していたか否かの診断を下すことが難しい。ミイラのように軟部組織まで遺存している例であれば、判断が可能となる場合もあるが、古人骨では特定の感染症についての認知可能性はずっと低くなる。また、ある骨病変の特徴が、必ずしも特定の感染症に罹患していた証拠を示すとは限らない。

特に感染症に該当する疾病については、その病原体の存在を明らかにし、あるいは肉眼観察による診断結果を補強する役割を果たし得る分野として、古微生物学（paleomicrobiology）が近年ヨーロッパを中心に脚光を浴びつつある。古微生物学が対象とする感染症で、検出に成功している病原体には、寄生虫、原虫（原生動物）、細菌、ウイルスがある。

2．古寄生虫学の展開

このうち寄生虫については、保存状態の良好な遺体（ミイラや寒冷地の凍結遺体ばかりでなく、中国漢代の湿屍、北欧の泥炭層遺体なども含む）の軟部組織（特に消化器系）ないし遺体を埋葬した遺構の土壌中、あるいは排泄物の痕跡である糞石からその成体ないし卵の存在を、肉眼および顕微鏡観察によって確認・同定するというのがその主たる研究手法であり、この分野を古寄生虫学（palaeo-parasitology）と呼ぶこともある。確認されている寄生虫の種類としては、回虫、条虫（サナダムシ）、蟯《ぎょう》虫、鞭《べん》虫といった内部寄生虫のほか、昆虫のシラミ（頭髪に寄生するヒトジラミと陰毛に寄生するケジラミの両者が確認されている）が挙げられる。

人間の遺体ないしその周辺以外でも、便所と考えられる遺構の土壌から多くの寄生虫卵が検出されていることは、日本でも藤原京跡右京七条一坊における検討例を皮切りに、各地の古代・中世の遺跡を中心に事例が蓄積されるに至っている（黒崎 2009）。もっとも、これらのケースは主に消化器系に棲息する内部寄生虫に限られており、毛髪ないし陰毛が遺存する条件下でのシラミの仲間の検出は、日本での報告例は今のところない。毛髪が残されているケースは国内の近世墓では珍しくなく、古代以前でも何例か認められているため、可能性は残されている。イスラエルでは、遺跡から出土した櫛の歯の間に、シラミの遺体が遺されていたことが確認されている（Mumcuoglu 2008）。日本でも櫛はそれなりに出土例が蓄積しているので、あるいは毛髪そのものでなくとも、シラミの存在にアプローチできる余地はまだある。ただし、取り上げ後に櫛の歯をきれいに洗浄してしまっていれば、そのチャンスは当然低くなる。今後、櫛が出土した際には、洗浄してしまう前に歯の隙間からサンプルを採取することも考えておくべきだ。

3．原虫・細菌・ウイルスの解析

寄生虫以外の病原体については、クロマトグラフィー（色層分析法）と呼ばれる方法のほか、もっぱら分子生物学的手法、すなわち該当する病原体のDNAを検出するという方法によってその存在が確認されている例がほとんどである。原虫ではマラリア原虫、トリパノソーマ原虫など、細菌では、結核菌、らい（癩）菌、大腸菌、ペスト菌、細菌の中でもスピロヘータに該当するものとして梅毒トレポネーマ、ライム病ボレリア、塹壕《ざんごう》熱バルトネラなど、ウイルスではヒトTリンパ球向性ウイルス（成人T細胞白血病の病原体）、ヒトパピローマウイルスなどの検出が報告されている（Raoult and Drancourt 2008a）。

これらの病原体のDNA検出に際しては、PCR法（ポリメラ—ゼ連鎖反応法）によって、サンプル中に遺存するごく微量のDNA断片を増幅させるため、あらかじめターゲットとなる病原体に特異的

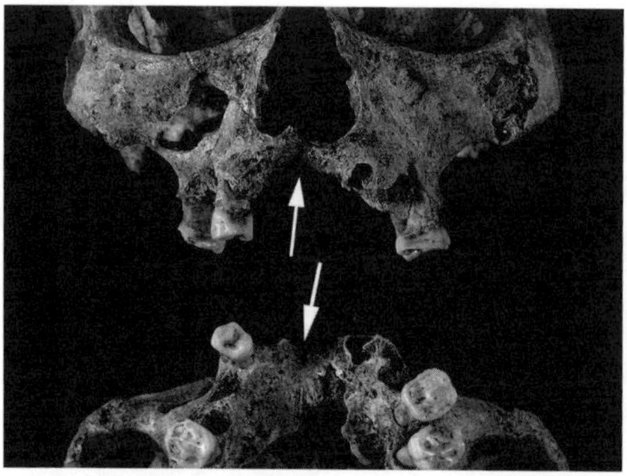

図 1　青森県畑内遺跡から出土した 26 号墓出土人骨の病変（上：正面，下：下面）
上顎骨正中部において、歯槽から口蓋にかけて著しい退縮が見られ、らい腫型ハンセン病の可能性が疑われていた。

なゲノム塩基配列の領域を選別し、その鋳型となるプライマーを設定する必要がある。当然ながらその前提として、対象となるヒトの遺体にどのような病原体が潜んでいるのかが先に予測されていなければならない。その判断には、肉眼観察による病変の存在が古病理学的に確認されていることが一つの条件として挙げられるが、先述したようにこれが可能なのは、結核やハンセン病（らい）、梅毒など骨格にまでその影響が及ぶ疾患の場合に限られている。

筆者も関与したケースとして、青森県八戸市畑内遺跡における江戸時代墓地から出土した人骨について述べてみよう。この人骨は 18 世紀頃の壮年男性であったが、その顔面部（特に上顎や口蓋など）に著しい変形が認められたことから、ハンセン病に罹患していた可能性が考えられていた（図 1）。後に国立感染症研究所ハンセン病研究センターの鈴木幸一の協力を得て、その病原体であるらい菌の DNA 断片の検出に成功し、しかもその配列に基づくタイプは現代の東南アジアやインドに多いのに対し、現代の日本や中国では少数派のものであることが判明した。このタイプ（グループ 1）が古人骨から検出されたのは世界初である（Suzuki *et al.* 2010）。

それでは、肉眼観察によって骨格に病変が確認されていないケースではどうか。たとえば「黒死病」と恐れられたペストは骨の外見には全く影響を及ぼさないが、ヨーロッパにはペスト大流行の時期が何度か存在した。14 世紀に黒死病の死者を埋葬したとされる英国の墓地遺跡から大量の遺骨が出土し、これらはペストの犠牲者である可能性が浮上した。そこで、出土人骨の歯髄からサンプルを採取し、ペスト菌に特異的な配列を基に設計したプライマーによって検出を試みたところ、その存在が確認されたのである。黒死病の歴史的背景と考古学上の出土状況における情報とがうまくマッチしたことで、病原菌の特定につながったのだ（Drancourt and Raoult 2008b）。さらに近年は次世代 DNA シークエンサーの導入により、より断片的な DNA の塩基配列を読み取ることで中世のペスト菌の全ゲノム配列が明らかにされ、それは現代のペスト菌の共通祖先につながるものと推測されるに至っている（Bos *et al.* 2011）。

また、エジプト新王国第 18 王朝に在位していたツタンカーメン王の死因を解明する検討においても、感染症の疑いを念頭に置いた作業が進められた。エジプトの地理的・気候的特性から、ハマダラ蚊を媒介とするマラリアが想定され、ツタンカーメン本人とその他の何体かの王族のミイラからマラリア原虫の DNA が確認されている。マラリアは彼の直接の死に結びついた原因の一つとして有力視されているが（Hawass *et al.* 2010）、これには異論もある。

4．日本古代史研究における病原体解析の可能性

それでは日本古代史における感染症について、古病理学と古微生物学に期待されるテーマには何があるだろうか。まず、ハンセン病の可能性がある「白癩《はくらい》」の記録は『日本書紀』や『大宝令』にも登

場するが、古病理学上の古人骨資料では今のところ鎌倉時代のものが最古である。奈良時代はもちろん、古代以前に遡る古人骨資料の発見が期待されよう。

また、奈良時代にはたびたび天然痘が流行したとされる記録が残されているが、今や自然状態で絶滅した痘瘡《とうそう》ウイルスについて、そのDNAを古人骨から検出した例は世界的にもまだない。そもそも天然痘の場合、たとえばエジプト新王国時代のファラオ・ラムセス五世のミイラのように、顔面に数多くの丘疹が見られるなど(Smith 1912)、皮膚が残存した状態で観察可能であればその疑いを持って事にあたることができるが、死後に骨だけになってしまうと、その手がかりを得ること自体が極めて困難なのである。

もっとも、奈良時代にこれらの感染症による犠牲者が埋葬されたという事実があったとしても、当時はすでに火葬が広まりつつある状況となっている。燃焼時に骨は著しい変形をきたすばかりか、DNAも破壊されてしまうため、その証拠を見つけることはかなり厳しい。かろうじて終末期古墳や東日本でしばらく続く横穴墓の埋葬人骨に、古病理学的な痕跡を見出すことができるかどうかが今後鍵となってくるだろう。

（瀧川　渉）

特別論考

古代南九州における動物遺体と動物利用

—ウマとウシを中心に—

遺跡から出土する動物遺体は、当時の人々の食生活や人と動物との関わりなどを知る上で、また、当時その地域に生息していた動物種を知る上でも貴重な資料を提供している。遺跡から出土した一つの骨片から動物種を同定し、その骨が物語る情報を考古学者と一緒になって、当時の人々の生活様式を再現していく学問、それが動物考古学である。筆者が動物の解剖学を専門としている中で、この知識をもって文化や産業に役立つものはないかと考えていた矢先（昭和 50 年初め）、目にとまったのがこの動物考古学であった。本稿では南九州の古墳時代以降の動物遺体とその関係遺物について述べることにする。

南九州と言えば、宮崎県の日向から南部と鹿児島県全域を指し、7 世紀後半以降「隼人」と呼ばれた人々が居住した地域を含むものと思われる。この南九州の古墳時代から平安時代の動物遺体の出土例は極めて少なく、また、詳細に調査された遺跡も少なく、筆者らの調査では宮崎県で 4 遺跡、鹿児島県で 8 遺跡を数えるのみである。また、出土する動物種も、縄文・弥生時代に比べて極めて少なく、その代わりにウマ・ウシやその副葬品の出土例が多くみられるようになり、特に宮崎県内ではウマの埋葬土壙や墳墓から馬具や馬歯などが検出されている。本稿では、まず古代の人々の狩猟獣を動物遺体から推測し、次いでウマ・ウシの飼育や利用などをめぐる問題、さらには古代の形質を残している日本在来馬、在来牛について紹介し、最後にウマやウシのわが国への渡来時期やその経路について話を進めることにする。

1．南九州古代の人々の狩猟獣

狩猟獣である哺乳類遺体の出土した九州の縄文遺跡は、150ヶ所以上あり、出土した動物種はサル、ノウサギ、オオカミ、ツキノワグマ、イヌ、タヌキ、オオヤマネコ、アナグマ、カワウソ、イノシシ、シカなど9目28種を数える。しかし、古墳、奈良、平安時代と時代が新しくなるにつれて、全国的に動物遺体の出土例や出土する動物種も少なくなる傾向がみられる。このような傾向は南九州においても例外ではなく、この原因の1つとして稲作などの農耕文化の伝播が考えられ、また、人々の食生活の変化がうかがえる。

宮崎県内で動物遺体が出土した遺跡は極めて少なく、縄文・弥生時代では日南市松添貝塚、都城市尾平野洞穴、沖田貝塚の3ヶ所のみで、5種11種の哺乳類遺体が検出されている。古墳時代以降においては、ウマの埋葬や副葬品の出土例は多いが、いわゆる狩猟獣の出土例が調査された遺跡は宮崎市の余り田遺跡のみである。一方、鹿児島県内では、縄文・弥生遺跡51ヶ所から動物遺体の報告があり、9目23種の哺乳動物遺体が検出されている。しかし、古墳時代から平安時代の哺乳類遺体の出土は、7遺跡に留まる。これらの各遺跡からどんな動物（ウマ・ウシの詳細については後述）が出土したかを以下に紹介してみよう。

①余り田遺跡（古墳～奈良時代）：宮崎市大字浮田字余り田にあり、水田に近接した自然流路状遺構から、7～8世紀の人工遺物と共にイヌ、アナグマ、シカおよびウシが出土している。イヌは頭蓋骨

1 個の出土で、基底長 128.8 mm、最大幅 87.0 mm であり、これらの計測値から筆者らの方法で体高を推定すると 38.5 cm となり、これは現生の柴犬とほぼ同じ大きさで形状も似ている。アナグマは右下顎骨 1 個が出土し、保存長 61.6 mm である。シカは角と第二後臼歯をもつ左下顎骨の一部、右上腕骨が確認され、現生のキュウシュウジカとほぼ同じ大きさである。本遺跡を遺した人々は、イヌを伴侶として、シカ猟を中心に行っていたことがうかがえる。

②橋牟礼《はしむれ》川遺跡（古墳～平安時代）：鹿児島県薩摩半島南端の指宿《いぶすき》市十二町下里にあり、大正 7～8 年に浜田耕作らにより調査されて以来、幾多の発掘調査がなされている。平成 2～4 年の調査では、古墳・奈良・平安時代の層からノウサギ、タヌキ、イノシシ、シカ、ウシ、ウマおよび魚類のタイ、サメの遺体が出土している。イノシシは下顎骨、臼歯片、寛骨、大腿骨などが、シカは角と大腿骨などが出土している。タヌキは軸椎と肋骨が、ノウサギは中手骨のみが検出されている。なかでもイノシシとシカが大半を占めていることから、農耕を行いながらイノシシとシカを中心とした狩猟を行っていたことが想像される。

③上能野《かみよきの》貝塚（古墳時代）：大隅諸島種子島の西之表市住吉上能野にあり、古墳時代の人工遺物と共に、サル、イノシシ、シカ、ネコ、ウマ、クジラ、爬虫類のウミガメや魚類が出土している。この貝塚ではシカの頭蓋骨、前肢骨、後肢骨など 1620 点が検出され、総出土骨の 84.2% を占めるのに対し、イノシシは頭蓋骨、上腕骨、脛骨など全体の 14.7% と少ないことが特徴である。また、サルの下顎骨や上腕骨などが検出され、この地ではサルを食していたことがうかがえ、シカ中心の狩猟が行われていたことが示唆される。

④中町馬場遺跡Ⅱ（古墳時代）：薩摩半島の西 28 km の洋上に浮かぶ甑島《こしま》、薩摩川内市里村にあり、縄文時代から弥生および古墳時

代の遺物を出土した遺跡である。この中で古墳時代の動物遺体は、1号と2号貝溜まりから、イノシシ、シカ、ウミガメ、タイおよびハリセンボンなどが出土している。イノシシは上顎骨、肩甲骨、橈骨、尺骨、脛骨などが、シカは角や中手骨などが、ウミガメは背甲と縁甲、ハリセンボンの下顎骨、タイの前上顎骨などが検出されている。これらのうちイノシシの出土量が最も多く、狩猟の中心であったことがうかがえる。

⑤長浜金久遺跡（奈良～平安時代）：奄美大島の笠利町万屋長浜金久にあり、動物遺体は第Ⅰ貝塚から奈良～平安時代の人工遺物と共に出土している。出土総重量は2118.2gで、イヌ、イノシシ、ウシ、ウミガメ、ベラおよびタイの骨片である。イヌは下顎骨、橈骨、尺骨などで現生の柴犬より少し大きいタイプで、当時の人々の伴侶として飼われていたのであろう。イノシシは頭蓋骨、下顎骨、上腕骨、寛骨、大腿骨などが確認され、形状や大きさは九州本土のイノシシと異なり、リュウキュウイノシシに酷似し、狩猟の中心であったことがうかがえる。島嶼の特徴として、ウミガメの出土が大量で、背甲、腹甲、上腕骨、腸骨などが検出されている。魚類はベラ、タイなどの咽頭骨、歯骨などがみられる。

⑥泉川遺跡（奈良～平安時代）：奄美大島の笠利町万屋泉川にあり、奈良～平安時代の人工遺物が出土した遺跡で、イヌ、ネコ、イノシシ、ウシ、ジュゴン、鳥類のニワトリ、ウミガメ、ブダイ、ベラおよびスズキの遺体が出土している。イヌは下顎骨や遊離した臼歯などで、大きさや形状は現生の柴犬に類似している。ネコは上腕骨、橈骨、尺骨、大腿骨、脛骨などが認められ、骨端が遊離している若い個体である。イノシシは上腕骨1個の出土で、ジュゴンは肋骨片と頭蓋の一部が出土している。また、ニワトリの上腕骨、ウミガメの頭蓋片、腹板、ブダイの前上顎骨、ベラの咽頭骨、スズキの

歯骨などが検出されている。本遺跡から奄美を生息の北限とするジュゴンの出土は極めて珍しく、当時の人々により、他の出土動物と共に食料とされていたことが示唆される。

⑦先山遺跡（奈良～平安時代）：喜界島の喜界町先山にあり、動物遺体は7～12世紀の人工遺物と共に出土し、イノシシ、ウシ、ウマ、ウミガメおよびブダイが検出されている。イノシシは前頭骨、臼歯片や骨端のない若い個体の橈骨、尺骨などで、形状や大きさはリュウキュウイノシシによく似る。狩猟獣としてはイノシシのみであるが、タンパク源として海の幸を採集していたのであろう。

以上、南九州の7遺跡の狩猟獣についての概要を述べたが、当時の人々は農耕を行いながらイヌを伴侶として、余り田遺跡と上能野貝塚ではシカ猟を、他の遺跡ではイノシシを中心とした狩猟を行い、特に離島では漁撈や貝の採集も盛んに行われ、食膳を賑わしていたことがうかがわれた。なお、奄美の遺跡から出土するイノシシは、南九州本土のイノシシと骨の形状が異なり、現生のリュウキュウイノシシの系統であることが示唆される。

2．南九州古代人のウマ・ウシの飼育と利用

南九州の古代の人々が、ウマやウシをいつ頃から飼育していたかは明らかでないが、その証拠となる考古遺物として、ウマの埋葬土《ど》壙《こう》、ウマやウシの遺体、馬具などの副葬品、田畑に残された足跡痕や牧などがある。

(1) 南九州のウマの埋葬例と関係遺物

宮崎県内における古墳時代のウマの埋葬土壙について、柴田博子（2008）や甲斐貴充（2009）は山崎下ノ第1遺跡（宮崎市）、下耳切第

3遺跡（高鍋町）、祇園原古墳群（新富町）、久見迫地下式横穴群（えびの市）、西都原遺跡群（西都市）など10遺跡30遺構を挙げ、各遺構から轡《くつわ》、鐙《あぶみ》や鞍《くら》などの馬具の出土例を報告し、そのうち7遺跡11遺構からは馬歯や馬骨を伴っていたことを報告している。さらに柴田（2008）はこれらの他、墳墓以外の5遺跡から関係遺物の出土を明らかにしている。しかし、当時のウマの形質を知る馬歯、馬骨については、詳細な調査はされておらず、筆者が調査した後述の久見迫地下式横穴の馬歯のみが報告されている。また、馬具の出土例について、宮代栄一（1995）は墳墓の67遺構から71組の轡、鐙、鞍など、5世紀末から7世紀初頭の馬具の出土を報告し集大成している。この中で轡の出土数が29例と最も多く、特に鉄製楕円形鏡板付轡がえびの地区周辺に集中することに注目している。

一方、鹿児島県内におけるウマの埋葬土壙は、これまで確認されていないが、馬具について宮代（1997）は、宮崎に比べてはるかに少ない7例を報告している。それらは轡を伴う春地下式板石積石室（大口市）、中尾4号地下式横穴（吾平町）、横岡地下式石積石室群（川内市）、溝下地下式板石積石室群（出水市）の4例であり、また、堂迫地下式横穴（吉松町）からは杏葉《ぎょうよう》、中尾3号地下式横穴（吾平町）では馬鈴、横間31号地下式横穴（高山町）では鐙などを検出し、いずれも6世紀以降のものであると報告している。

ウマに関連する副葬品として馬具の他に、祭祀的意味合いをもつ埴輪馬や土馬がある。埴輪馬は関東に多く出土し、造形的に最も充実したのは6世紀であると言われ、南九州では宮崎市下北方1号、2号墳から2例が検出されている。土馬は小型の土製馬で奈良、平安時代に多くみられ、鹿児島県の塞の神遺跡、岡野遺跡など5遺跡から出土例が報告されている。

ウマやウシを生産するためには、広大な牧野が必要であるが、古墳時代～平安時代の南九州ではウマ、ウシを飼育していた「牧」の遺跡・遺構は確認されていない。しかし、文献史料『延喜式』によると、日向国には野波野馬牧、堤野馬牧、都濃野馬牧、野波野牛牧、長野牛牧、三原野牛牧の６牧が置かれていたことが書かれており、また、大隅国には吉多牧、野上牧（『日本三代実録』）が示されており、これらの地においてウマやウシの生産が行われていたことは疑いのないことであろう。また、指宿市の奈良、平安時代の敷領遺跡からは、水田面にウマかウシの足跡痕を、鹿児島市水町遺跡の畑面からは、ウシの足跡痕が検出されており、さらにまた、橋牟礼川遺跡からは当時の畑作跡（畝状遺構）や馬鍬を使用した痕跡が検出されており、植物珪酸分析でイネが栽培されていたことなどから、ウマやウシが農耕や運搬に使役されていたことが示唆されている。

古墳時代にウマやウシを飼っていたのは、どんな人たちだったのだろうか。大隅隼人や阿多隼人の人々であったのだろうか。中村明蔵（1977）によると、「隼人」が登場するのは７世紀後半であり、地下式横穴墓の時期とずれがあることから、おそらく古墳時代のウマやウシを飼育していた人たちは、隼人の祖先であり、奈良、平安時代には隼人と呼ばれる人々によって、ウマやウシは農耕、運搬用として飼育され、特にウマは乗馬や騎馬用としても利用されていたことが示唆される。一方、松井章（1997）によれば、文献史料からウマは食肉や皮革の生産（革の鞣《なめし》に脳を使用）に利用し、また、ウシは食肉や皮革、角、牛黄《ごおう》（消化器内の一種の結石）などが利用されていたと報告している。しかし、南九州ではそれを証明する解体痕など確実な考古資料は出土していない。

(2) ウマとウシの出土遺跡と出土したウマ・ウシの形質

わが国のウマ遺体の出土遺跡は、これまでの筆者らの調査から全国で623ヶ所以上にみられ、地域別では関東が247ヶ所で最も多く、次いで九州（105ヶ所）、近畿（95ヶ所）の順であり、時代別では中世が149ヶ所で、次いで平安（116ヶ所）、古墳（111ヶ所）の順である。なお、縄文時代の出土報告もあるが、それらは近年フッ素や放射性炭素などの年代測定により、ことごとく年代が新しくなっている。一方、ウシ遺体の出土遺跡は、これまで全国で304ヶ所以上にみられ、地域別では九州が85ヶ所で最も多く、関東（81ヶ所）、近畿（62ヶ所）の順であり、時代別では中世が94ヶ所で、次いで平安（49ヶ所）、古墳（41ヶ所）の順である。なお、縄文時代の出土例とする報告もあるが、ウマと同様に後世のものと思われる。

南九州の古墳時代から平安時代におけるウマおよびウシの出土例で、その遺体を詳細に調査されたものは、宮崎県で4遺跡、鹿児島では6遺跡を数えるのみである。以下に、各遺跡からの出土遺体について紹介しよう。

①久《く》見《み》迫《さこ》遺跡（古墳時代）：久見迫古墳群は、えびの市片江久見迫あり、A区1号土壙からウマの歯と環状鏡板付轡が出土している。ウマの歯については、宮崎県総合博物館のご厚意で、右上顎第三前臼歯を調査する機会を得た。この歯の歯冠長と幅は27.6×25.9 mmで、これらの計測値から筆者らの方法で頭蓋骨長を推定すると49.85 cm、林田重幸（1978）の方法で体高を求めると130.9 cmとなり、これは現生の御《み》崎《さき》馬と同じ大きさで、中型馬に属するウマであることが推測され、馬具などを伴っていることから、乗馬などに使役されていたことが想像される。

②祇園原遺跡（古墳時代）：宮崎市の北約20 kmの児湯郡新富町大字新田字祇園原に所在し、新田原古墳群の一部に含まれる。馬歯の出土した土壙は、8号墳周溝を横切って造られ、轡などの馬具も出土しており、6世紀後半ものと推定されている。馬歯は3体分検

図1　ウマの上・下顎臼歯（祇園原遺跡）

出され、1号馬は頭蓋の右側を下にして埋葬されており、右上顎の第三前臼歯から第二後臼歯と左右下顎第三前臼歯から第二後臼歯が咬み合って出土している（図1参照）。2号馬は左側を下に埋葬されており、左側の上・下顎の臼歯が検出されているが、破損が著しく、歯の特徴を把握できないが成馬のものである。3号馬は左側を下にして埋葬されており、左上顎第二前臼歯から第二後臼歯、左下顎第二前臼歯から第一後臼歯が検出されている。計測可能な臼歯から歯冠長と幅、中心高から頭蓋長、下顎全長をそれぞれ推定し、体高を求めると1号馬は129.8±3.9 cm、3号馬は132.5±3.9 cmとなり、現生の御崎馬とほぼ同じ大きさであり、年齢は7〜8歳と推定される。なお、3体のウマは老齢馬ではなく比較的若い個体であることから、農耕や運搬のみではなく、殉葬や儀礼的な祭祀に利用されたことも考えられる。

③余り田遺跡（古墳時代）：前述の余り田遺跡からは、ウシ3体分が出土しており、1号牛は左右の下顎骨（図2参照）、橈骨、中手骨、大腿骨、脛骨、中足骨など10骨片が検出され、下顎骨や橈骨、中手骨の計測値から筆者らの方法で体高を求めると、120〜123 cmとなる。2号牛は左下顎骨、右第三後臼歯、右中足骨などが検出され、計測値から体高を求めると120 cmである。3号牛は右第三後臼歯、

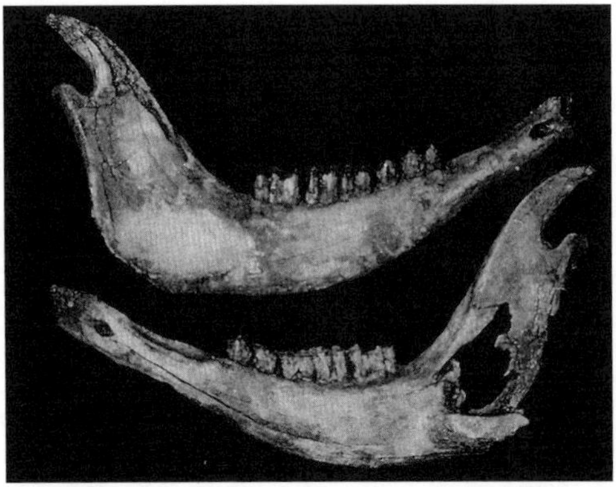

図 2　ウシの左・右下顎骨（余り田遺跡）

中手骨などが出土し、体高 122 cm と推定される。これら 3 体のウシは、いずれも現生の口之島野生化牛の雄とほぼ同じ大きさで、7～10 歳である。

④西都原地区遺跡（平安時代）：西都市西都原台地上にあり、31 号支線道路からウマの臼歯と上腕骨が出土している。臼歯は不整円形土坑 SC-3 の北東隅から左右、上下顎骨の臼歯が咬み合った状態で出土しており、遺構の時期は比定しえないが、9 世紀後半から 10 世紀前半のものと思われる。前臼歯は乳歯で、第一後臼歯は萌出直後のもので、年齢は 1～2 歳の若駒と推定される。SE-3 からは右上腕骨 1 個が検出されているが、骨端線の閉鎖から成馬のもので、骨体最小幅や径の計測値から体高を求めると 131.5 cm であり、現生の御崎馬とほぼ同じ大きさの中型馬に属する。B 区 2 号から出土した臼歯片は前述の若駒と同じ年齢と思われる。若駒の埋葬例は極めて珍しく、一般的には殉葬などが考えられるが、その用途についてはよくわからない。

⑤橋牟礼川遺跡（古墳時代）：橋牟礼川遺跡については前述したが、平成 3 年、本遺跡の西側を走る国道 226 号線の拡幅工事に伴う発掘調査で 5 世紀後半から 6 世紀前半の人工遺物と共にウマの右下顎骨（図 3 参照）1 点が出土している。切歯部や下顎枝はなく下顎体のみで、第二前臼歯から第三後臼歯を備えている。第二、三前臼

図 3　ウマの右下顎骨（橋牟礼川遺跡）

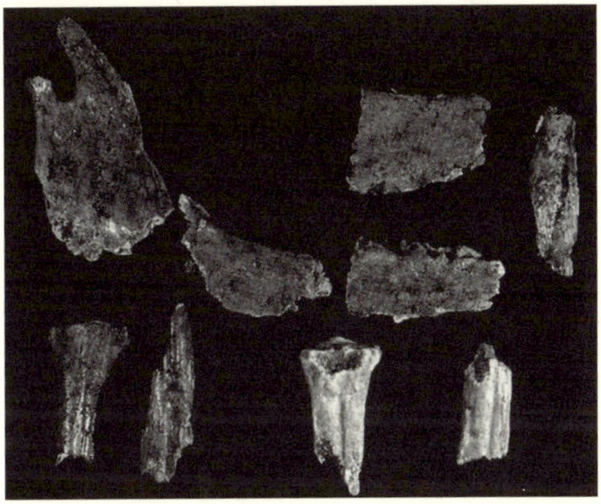

図 4　ウシの右下顎骨と左・右中足骨（橋牟礼川遺跡）

歯、第二後臼歯の歯冠長は、それぞれ 29.90、27.57、24.62 mm で、第二後臼歯の中心高は 26.50 mm であり、これらの計測値から下顎全長を推定し、体高を求めてみると 128.9 cm、年齢は 5 歳である。ウマはこの他、平安時代の層からも臼歯片が出土している。一方、ウシは平安時代の開聞岳《かいもんだけ》噴火によって堆積したテフラ層直下の紫コラ下の包含層から、右下顎骨、細骨片からなる肩甲骨、左右中足骨などが出土している（図 4 参照）。計測可能な中足骨の中央幅は 24.21 mm であり、これより骨長を求めて体高を推定すると 113.4 cm となり、これは現生の口之島野生化牛の雌の大きさである。

⑥麦之浦貝塚（古墳時代以降）：薩摩半島の北部の薩摩川内市陽成町にあり、縄文後期、古墳～平安時代の人工遺物の出土した遺跡で、

ウマは第１貝塚の古墳時代以降の層からの出土で、大腿骨、脛骨、中足骨など15点が検出され、脛骨と中足骨の最大長から体高を推定すると120 cmとなり、現生のトカラ馬より少し大きいウマであったと推測される。

⑦市来貝塚（古墳時代）：市来町川上にあり、麦之浦貝塚と同じ縄文後期から古墳時代の遺跡で、縄文後期の層からはオオヤマネコの橈骨が出土している。ウマは古墳時代の層から人工遺物と共に上・下顎臼歯８点が出土している。上顎第一臼歯の計測値から体高を推定すると131.5 cmで、年齢は5〜6歳と推定される。

⑧上能野貝塚（古墳時代）：前述した上能野貝塚からは、シカなどと共伴せずに別の地点からウマの肩甲骨、中足骨、足根骨などが出土しているが、古墳時代以降のものであることは確かである。ほぼ完全な中足骨の最大長は230.8 mmであり、体高を推定すると115.7 cmである。これは現生のトカラ馬と同じ小型馬に属する。

⑨長浜金久遺跡・泉川遺跡（奈良〜平安時代）：前述した長浜金久遺跡からはウシの中足骨１点、泉川遺跡からはウシの果骨、足根骨、趾骨などが出土し、いずれも体高114 cm前後と推定される。現生の口之島野生化牛とほぼ同じ大きさで、形状も似ている。

⑩先山遺跡（奈良〜平安時代）：前述の先山遺跡からはウマとウシが出土し、ウマは臼歯や踵骨などが確認され、推定体高115 cm前後でトカラ馬とほぼ同じ大きさである。ウシは頭蓋骨片、臼歯、大腿骨、距骨、中足骨などがみられ、推定体高113 cm前後で在来牛とほぼ同じ大きさで形状も似ている。喜界島でウマやウシの遺体が検出されたことは、この地で農耕や運搬用として、ウシ、ウマが飼育されていたことを裏付ける貴重な資料である。

以上、ウマ、ウシの出土遺体からそれらの大きさや形質について述べたが、馬は中型馬が主流であり、鹿児島の離島では小回りの利く小型馬が運搬や農耕用に愛用されていたことがうかがわれ、ウシは現生の在来牛とほぼ同じ体型のウシが農耕や運搬用に飼育されていたことが示唆された。

3．古代の形質を受け継ぐ在来馬と在来牛

ところで、古代の形質を残しつつ、今なお系統保存されているウマやウシは、現在でもわが国に存在するのだろうか。実は、日本在来馬および在来牛として日本各地で飼育されているのである。明治政府は明治30年以降にウマ・ウシの大型化を目指して、洋種と在来種との交雑を盛んに行い、育種改良を図った。しかし、下記にあげる在来馬と在来牛は、その改良の影響を受けなかったか、あるいは影響が少なかった在来種である。

ここで簡単に紹介すると、日本の在来馬には、北から北海道の北海道和種、長野県開拓村の木曾馬、愛媛県今治市の野間馬、長崎県対馬市の対州《たいしゅう》馬、宮崎県串間市の御崎馬、鹿児島県十島村のトカラ馬、沖縄県宮古市の宮古馬それに与那国島の与那国馬の8集団があり、いずれも各保存会によって系統保存されている。

北海道和種は愛称道産子《どさんこ》と呼ばれ、15世紀頃東北から北海道へ渡った人々によって移入された南部馬の末裔であり、体高130～135 cmの中型馬で、毛色は粕毛が多く、次いで栗毛、河原毛、葦毛など多様である。木曽馬は、古来木曽谷を含む信濃国一帯で生産され、現在は御岳山麓の開田村を中心に系統保存されている体高130～140 cmの中型馬で、毛色は鹿毛が多く、栗毛、青毛もある。昭和58年には長野県の天然記念物に指定されている。野間馬は乃万馬とも書かれ、17世紀に松山藩主久松家が、近在農家に飼育させたのが始まりと言われている。体高は115～125 cmの小型馬で、栗毛、葦毛、

鹿毛など多様である。対州馬は8世紀頃から今日まで、住民の交通手段や駄載運搬用として飼育されている。平均体高は123 cm前後で、小型馬と中型馬の中間的な大きさで、鹿毛が多く栗毛、青毛もみられる。御崎馬は高鍋藩の秋月家によって創設された、宮崎県南端の都井岬の牧場に自然放牧されている体高130～135 cmの中型馬で、鹿毛が多く栗毛もある。昭和28には国の天然記念物に指定されている。トカラ馬は、筆者の恩師、林田重幸によって見出され命名された体高115 cm前後の小型馬で、鹿毛が多く栗毛もある。現在、十島村中ノ島や開聞岳山麓公園、鹿児島大学入来牧場で系統保存されており、昭和28年に鹿児島県の天然記念物に指定されている。宮古馬は小型馬に属するが平均体高124 cmほどで、鹿毛が多いが粕毛もみられる。昭和50年代に絶滅の危機を迎えたが、移出した粟国島から逆導入して懸命な系統保存が図られている。与那国馬は八重山群島西端の与那国島において、2ヶ所の牧場で周年放牧されている体高113～120 cmの小型馬で、栗毛が多いが鹿毛もある。昭和14年施行の種馬統制の法律が適用されなかったために、在来種としての純粋種が保たれたのだという。

一方、在来牛には、山口県萩市見島の見島牛と鹿児島県十島村の口之島野生化牛の2集団がある。見島牛は、昭和3年に和牛の元祖として、国の天然記念物に指定され、昭和5年には純粋な日本在来牛として紹介されている。昭和39年に筆者自身が測定した体高は、雄で134.2 cmと124.7 cmの2頭が飼育されており、雌は114.9±2.9 cm（n＝137）である。褐毛も出現するが、現在は黒一色に統一され、見島牛保存会の保護の下に系統保存されている。口之島野生化牛は、十島村口之島に野生状態で生息しているウシである。大正の初め家牛が山奥に逃げ込み、今日まで人手を加えることなく生き延び、1961年日本在来家畜調査団によって発見され、林田により学会に紹介された。体高は雄で 122.0±22.5 cm（n＝5）、雌で 110.9±3.4 cm（n＝16）であり、現代和牛の代表である黒毛和種の雄（144.6±2.4 cm）より約 22 cm、雌（125.7±4.2 cm）より 15 cm も低い小型牛で、前躯は発達するが、後躯は貧弱な体型をしており、毛色は黒または褐色で、腹部や胸部に白斑を有するのが特徴的なウシである。このウシは、口之島島民の手によるものの他、一部は鹿児島大学や名古屋大学で系統保存されている。

なお、在来馬や在来牛の毛色は、平安時代から室町時代の絵巻や屏風に描かれているウマ・ウシの毛色と同じであり、骨の形状と同様に古代の形質を受け継いでいることがうかがわれる。

4．わが国のウマ・ウシの渡来時期とその経路

今から数万年前、わが国にも野生馬や野牛が生息していたことは、岐阜県平牧村のヒラマキウマや岩手県花泉町で発見されたハナイズミモリウシなど化石種が存在したことから明らかである。しかし、これら化石種は氷河期にいったん絶滅し、ずっと後の古代の遺跡から出土するウマやウシは、当時の人々の移動に伴って、新たに移入されたと考えられている。

ウマやウシがいつごろ、どこからわが国へ渡来してきたかは、幾多の説があり、未だに明らかにされていない。長谷部言人《はせべことんど》（1939）は熊本県轟貝塚や鹿児島県出水貝塚から馬骨を、茨城県陸平《おかだいら》貝塚から牛骨を発見し、「石器時代に馬、牛あり」と論じ、また、林田（1978）は鹿児島県出水貝塚出土の馬骨を調査し、縄文時代に小型馬の存在を報告している。しかし、これら縄文時代のウマとウシの出土例については、年代測定が行われておらず、近年、フッ素年代測定法により、ことごとく後世のものとされている。

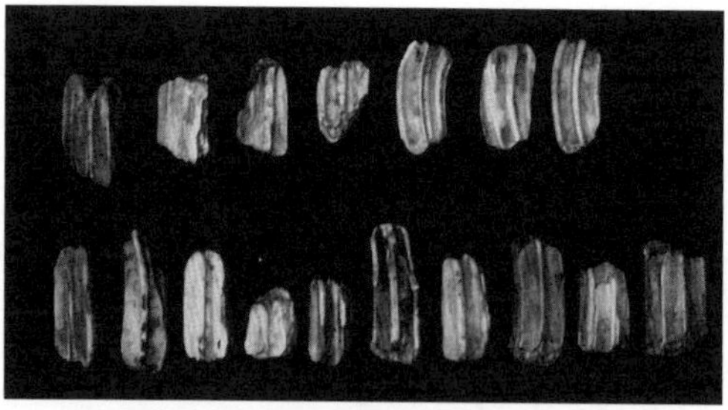

図5　ウマの上顎臼歯（大浜遺跡）

図6　ウシの頭蓋骨（伊皿子貝塚）

わが国のウマとウシの渡来時期については、3世紀の『魏志』倭人伝には「その地に牛、馬、虎、彪《ひょう》、羊、鵲《かささぎ》なし」と書かれており、弥生中期にはウマ・ウシは存在していなかったことになるが、最も古い出土例として、ウマでは長崎県福江市の大浜遺跡からの臼歯（図5参照）が^{14}C年代でAD40±90年と測定され、ウシは金子浩昌（1985）により発掘された東京都の伊皿子貝塚から出土した頭蓋（図6参照）が弥生中期とされている。

ウマの起源・系統とその渡来経路について、林田はトカラ馬のような小型馬は縄文時代末期に中国華南から黒潮に乗り琉球列島を北上し、御崎馬のような中型馬は弥生時代末期に朝鮮半島を経由してわが国へ移入されたと論じ、小型馬の発祥の地を四川、雲南に求めている。しかし、野澤謙（1992）は東南アジアや中国の在来馬の遺伝学的な調査から、林田の南方説を否定し、わが国のウマの起源・系統を蒙古馬に求め、すべてウマは朝鮮半島を経由して北部九州に入り南北へ伝播し、南西諸島のトカラ馬、宮古馬や与那国馬は、九州本土から南下して島嶼に隔離されたために矮小《わいしょう》化したと結論づけている。筆者らは林田の南方説の有無を明らかにするため、南西諸島で発掘された考古資料について現地調査を行ったが、沖縄貝塚時代からの馬の出土遺物を検出できなかった。ウマの南方からの渡来説を完全には否定できないが、今のところ野澤の説を支持したい。

一方、ウシの起源・系統と渡来経路について、芝田清吾（1969）はインド牛（ゼブ牛、黄牛）が東部アジアに移動し、水稲の伝播と共に北上し、北部から来た欧州牛と混血して朝鮮牛ができ、日本在来牛もその１つであるという。しかし、並河鷹夫（1980）は、中国・韓国・東南アジアの在来牛の遺伝学的な調査から、華南の黄牛よりもむしろ欧州系のホルスタイン種に近く、華北から朝鮮半島を経由した欧州系のウシを重視すべきであると論じている。筆者らの調査している口之島野生化牛の鼻骨先端の形状や胸・腹部に白斑を有することなどが、ホルスタイン種に似ていることから、欧州系との何らかの関連を示唆しており、興味深いものがある。

以上のことから、ウマとウシは弥生中期以降～古墳時代に朝鮮半島経由で北部九州周辺に渡来して南下および北上して、当時の人々によって飼育されていたと考えられる。

５．動物考古学への誘い

古墳時代から奈良・平安時代の遺跡から出土する動物遺体やその関係品を調査することで、当時の人々と動物との関わりを再現する動物考古学は、近年、非常に重要視されてきている。これには考古学の先人たちの研究の成果によるところが多いことは言うまでもない。最後にこれまで述べてきたことを動物考古学への誘いとしてまとめてみよう。

①わが国の古代の遺跡から出土する動物遺体は、縄文・弥生時代に比べて狩猟獣の種類や出土量も極めて少なくなるが、その代わりにウマやウシの出土が多くなる。このような傾向は南九州においても例外ではなく、当時の人々は、農耕の傍らイヌを伴侶としてイノシシ・シカ猟を中心に、時にはサル、ノウサギ、タヌキ、アナグマを狩猟し、解体して蒸したり、焼いたりして食膳を賑《にぎ》やかにしていたことが想像される。

②古墳時代になるとウマやウシの遺体やウマの副葬品の出土例が多くみられるようになり、特に宮崎の日向地方においては、ウマの埋葬土壙や墳墓より轡、鐙など馬具が多く出土していることから、身分の高い人々によって、騎馬や乗馬などに利用されていたことが示唆され、また、殉葬や儀礼的なものに利用されたことも考えられる。さらにウマは農耕や運搬の他、食肉や皮革の生産に利用されていたことが文献史料から明らかである。一方、ウシの用途については、水田や畠面に足跡痕が残されていることから、一般に農耕や運搬に使役されていたことが考えられ、また、文献史料からは食肉や皮革、角、牛黄などが利用されているが、南九州では解体痕など確実な考古資料は出土していない。

③ウマやウシが生産されるには、広大な牧野である「牧」が必要であるだろう。文献史料からは宮崎６牧、鹿児島で２牧が記録されているが、遺跡や遺構は確認されていない。また、出土したウマやウシの年齢をみると、比較的若い個体のある中に老齢の個体もあることから、当時の人々によってこれらの「牧」で子ウマや子ウシが生産されていたことは確実であろう。

④古代の形質を受け継ぐ在来馬８集団と在来牛２集団が系統保存

されていることを前述したが、南九州の古代の馬は、現生の在来馬の御崎馬に大きさや骨の形状がよく似て中型馬に属することがわかり、また、鹿児島の離島では体高 120 cm 以下のトカラ馬と同じ小型馬が多くみられた。一方、宮崎の余り田遺跡のウシは、体高 120～123 cm の雄で、鹿児島の各遺跡出土ウシは、体高 113 cm 前後の雌と推測され、いずれも在来牛の口之島野生化牛の大きさで、骨の形状も類似していることがわかった。また、現生の在来馬や在来牛の毛色が、絵巻や屏風などにみられるウマ・ウシの毛色と同じであることは、在来種が古代の形質を受け継いでいる系統であることを示唆しており、興味深いものがある。

⑤ウマやウシがいつ頃、どこからわが国へ渡来したかについては、確実な証拠は得られていないが、その起源を蒙古馬と欧州牛に求め、いずれも弥生中期以降から古墳時代にかけて、朝鮮半島を経由して北部九州に入り、日本列島を南下、北上して伝播したという説に筆者も賛同している。なお、古墳時代にウマ・ウシの遺体や馬具などの出土例が全国各地でみられること、また、ウマやウシの出産が平均して３年に２回位であることなどから、4～5 世紀の古墳時代に人の移動に伴って数多くのウマやウシが移入され、全国的に広まったと考えた方がよいであろう。

（西中川　駿）

引用参考文献一覧

（和文著者は50音順，英文著者はアルファベット順に表記）

Ⅰ　文献史学・考古学からみた古代蝦夷・隼人

①「蝦夷」とは何か—文献史学の立場から—

工藤雅樹　2000『古代蝦夷』　吉川弘文館

熊谷公男　2004a『古代の蝦夷と城柵』歴史文化ライブラリー　吉川弘文館

熊谷公男　2004b『蝦夷の地と古代国家』日本史リブレット　山川出版社

鈴木拓也　2008『蝦夷と東北戦争』戦争の日本史　吉川弘文館

八木光則　2010『古代蝦夷社会の成立』ものが語る歴史　同成社

②　彼らは何故「隼人」と呼ばれたのか—考古学の視点から—

喜田貞吉・日高重孝編著　1973『日向国史』上（復刻版）　名著出版

乙益重隆　1970「熊襲・隼人のクニ」『古代の日本　3九州』　角川書店

上村俊雄　1984『隼人の考古学』考古学ライブラリー30　ニュー・サイエンス社

北郷泰道　1994『熊襲・隼人の原像』　吉川弘文館

永山修一　2009『隼人と古代日本』　同成社

Ⅱ　古人骨からみた古代東北・南九州の人々

①　古人骨からみた東北古代人

石田肇　1992「東北地方出土の古代人骨の形質について」加藤稔先生還暦記念会編『東北文化論のための先史学歴史学論集—加藤稔先生還暦記念』 pp. 947-955

大島直行　1996「北海道の古人骨における齲歯頻度の時代的推移」『人類学雑誌』104：385-397

川久保善智・澤田純明・百々幸雄　2009「東北地方にアイヌの足跡を辿る：発掘人骨頭蓋の計測的・非計測的研究」*Anthropological Science (Japanese Series)*，117：65-87

瀧川渉　2008「矢本横穴墓群出土の人骨」宮城県東松島市教育委員会・宮城県石巻地方振興事務所編『矢本横穴墓群Ⅰ—飛鳥・奈良時代における牡鹿地方の墓—』東松島市文化財調査報告書5　pp. 240-303

瀧川渉・佐藤敏幸　2008 「北辺の横穴墓古代人―宮城県矢本横穴墓群出土人骨の形質」*Anthropological Science* (*Japanese Series*), 116：35-51

埴原和郎　1996 「再考・奥州藤原氏四代の遺体」『日本研究』13：11-33

松村博文・石田肇　1995 「宮城県名取市熊野堂横穴墓群出土人骨」『国立科学博物館専報』28：183-205

溝口優司　1995 「宮城県清水洞窟から出土した頭蓋の形態学的特徴」『国立科学博物館専報』28：169-182

山口敏　1988 「人骨の人類学的調査」「五松山洞窟遺跡をめぐる諸問題―人骨の人類学的諸問題」 石巻市教育委員会編『五松山洞窟遺跡発掘調査報告』石巻市文化財調査報告書 3　pp. 138-169, 187-198

Yamaguchi B. and Ishida H. 2000 Human skeletal remains of the Heian Period from the Tekiana Cave site on Tobi-shima, Yamagata Prefecture. *Bulletin of the National Science Museum, Tokyo, Series D*, 26：1-16

②　古人骨からみた南九州の古墳時代人

金原正子・金原正明　1999 「宮崎県えびの市島内地下式横穴墓群 69 号墓から検出された糞石の寄生虫卵分析および花粉分析」『人類史研究』11：191-194

竹中正巳・小片丘彦・峰和治他　1993 「風習的抜歯の疑われる古墳時代若年女性人骨」『人類学雑誌』101：483-489

竹中正巳・峰和治・大西智和他　2001 「宮崎県えびの市島内地下式横穴墓群出土人骨」えびの市教育委員会編『島内地下式横穴墓群』えびの市埋蔵文化財調査報告書 29　別編　えびの市教育委員会　pp. 1-109

竹中正巳・東憲章・中村直子他　2007 「地下式横穴墓から出土した古墳時代人骨に認められた陥没骨折」『南九州地域科学研究所所報』23：9-13

竹中正巳・高橋由香・下野真理子　2009 「宮崎県えびの市島内地下式横穴墓群出土の人骨―113 号墓～124 号墓から出土した人骨―」 えびの市教育委員会編『島内地下式横穴墓群Ⅲ・岡元遺跡』えびの市埋蔵文化財調査報告書 50　えびの市教育委員会 pp. 199-288

竹中正巳・柄本優子・下野真理子　2010a 「宮崎県えびの市島内地下式横穴墓群出土の人骨―100 号墓～112 号墓, 116 号墓, 125 号墓～127 号墓から出土した人骨―」 えびの市教育委員会編『島内地下式横穴墓

群Ⅱ』えびの市埋蔵文化財調査報告書 49　えびの市教育委員会　pp. 121-207

竹中正巳・柄本優子・下野真理子　2010b 「島内地下式横穴墓群から新たに出土した受傷痕の認められる古墳時代人骨」『鹿児島女子短期大学紀要』45：1-5

土肥直美・田中良之　1988 「古墳時代の抜歯風習」永井昌文教授退官記念論文集刊行会編『日本民族・文化の生成 1—永井昌文教授退官記念論文集』　六興出版　pp. 197-215

中橋孝博　1996 「人類学からみた弥生の戦い」国立歴史民俗博物館編『倭國亂る』　朝日新聞社　pp. 158-161

松下孝幸　1990 「南九州地域における古墳時代人骨の人類学的研究」『長崎医学会雑誌』65：781-804

コラム①　焼骨からわかること—ミクロ形態学によるヒトと動物の識別—

池田次郎　1981 「出土火葬骨について」『太安萬侶墓』奈良県立橿原考古学研究所　pp. 79-88

澤田純明・奈良貴史・中嶋友文他　2010 「骨組織形態学的方法による骨小片の人獣鑑別：東北北部の平安時代遺跡から出土した焼骨の分析」 *Anthropological Science*（*Japanese Series*），118：23-36

田中良之　1985 「中世の遺構」 下関市教育委員会編『吉母浜遺跡』下関市教育委員会　pp. 31-100

奈良貴史　1988 「墓制について」 港区芝公園 1 丁目遺跡調査団編『増上寺子院群：光学院・貞松院跡・源興院跡—港区役所新庁舎建設に伴う発掘調査報告書』東京都港区教育委員会　pp. 504-517

楢崎修一郎　2007 「群馬県中世火葬遺構出土火葬人骨」『群馬県埋蔵文化財調査事業団研究紀要』26：91-118

山田雄正　2006 「野尻（3）遺跡出土の鏡について」 青森県埋蔵文化財調査センター編『野尻（3）遺跡Ⅱ—国道 7 号浪岡バイパス建設事業に伴う遺跡発掘調査報告』青森県埋蔵文化財調査報告書 414 青森県教育委員会　pp. 249-262

Mays S. 1998 *The Archaeology of Human Bones*. Routledge, London.

Schmidt CW. and Symes SA. 2008 *The Analysis of Burned Human Remains*. Academic Press, London.

Ⅲ　DNAと安定同位体からみた古代東北人・南九州人

① 「エミシ」の遺伝子型を探る—東北古代人のミトコンドリアDNA解析

安達登・坂上和弘・梅津和夫　2006 「山形県酒田市飛島の狄穴洞窟遺跡出土人骨についてのミトコンドリアDNA解析」『庄内考古学』22：96-102

安達登・篠田謙一・梅津和夫　2009 「ミトコンドリアDNA多型からみた北日本縄文人」日本DNA多型学会・小室歳信編『DNA多型』17　東洋書店　pp. 265-269

安達登・篠田謙一　印刷中 「野田Ⅰ遺跡出土人骨についてのミトコンドリアDNA多型解析」『一戸町文化財年報』 岩手県二戸郡一戸町教育委員会

篠田謙一　2007 「ミトコンドリアDNAが解明する日本人の起源」『遺伝』61（2）：39-43

篠田謙一・安達登　2010 「DNAが語る「日本人への旅」の複眼的視点」『科学』80（4）：368-372

百々幸雄・前田朋子・川久保善智他　2004 「梨木畑貝塚人骨」 石巻市教育委員会・宮城県石巻土木事務所編『梨木畑貝塚』 石巻市文化財調査報告書12　石巻市教育委員会　pp. 34-42

Adachi N., Umetsu K., Takigawa W., *et al.* 2004 Phylogenetic analysis of the human ancient mitochondrial DNA. *Journal of Archaeological Science,* 31：1339-1348

Anderson S., Bankier AT., Barrell BG., *et al.* 1981 Sequence and organization of the human mitochondrial genome. *Nature,* 290：457-465

Umetsu K., Tanaka M., Yuasa I., *et al.* 2005 Multiplex amplified product-length polymorphism analysis of 36 mitochondrial single-nucleotide polymorphisms for haplogrouping of East Asian populations. *Electrophoresis,* 26：91-98

② 南九州古墳人のミトコンドリアDNA解析の現状

篠田謙一　2007 『日本人になった先祖たち—DNAから解明するその多元的構造』NHKブックス　日本放送出版協会

竹中正巳・峰和治・大西智和他　2001 「宮崎県えびの市島内地下式横穴墓群出土人骨」えびの市教育委員会編『島内地下式横穴墓群』えびの市埋蔵文化財調査報告書29　別編　えびの市教育委員会　pp. 1-109

内藤芳篤　1985 「シンポジウム国家成立前後の日本人―古墳時代人骨を中心として―南九州およびその離島」『季刊人類学』16（3）：34-47

中堀豊　2005 『Y 染色体からみた日本人』岩波科学ライブラリー 110，岩波書店

松下孝幸　1990 「南九州地域における古墳時代人骨の人類学的研究」『長崎医学会雑誌』65：781-804

分部哲秋　2009 『南九州古墳人の地域性と系統関係の究明』 科学研究費補助金データベース 2008 年度研究成果報告書（http://kaken.nii.ac.jp/pdf/2009/seika/jsps-1/17301/18570221seika.pdf）

Adachi N., Shinoda K., Umetsu K., *et al.* 2009 Mitochondrial DNA analysis of Jomon skeletons from the Funadomari site, Hokkaido, and its implication for the origins of native American. *American Journal of Physical Anthropology*, 138：255-265

Seo Y., Stradmann-Bellinghausen B., Rittner C., *et al.* 1998 Sequence polymorphism of mitochondrial DNA control region in Japanese. *Forensic Science International*, 97：155-164

Tanaka M., Cabrera VM., González AM., *et al.* 2004 Mitochondrial genome variation in eastern Asia and the peopling of Japan. *Genome Reserch*, 14：1832-1850

③　同位体分析からみた古墳時代～古代における食生態の多様性

川久保善智・澤田純明・百々幸雄　2009 「東北地方にアイヌの足跡を辿る：発掘人骨頭蓋の計測的・非計測的研究」*Anthropological Science (Japanese Series)*，117：65-87

小池裕子・Chisholm B. 1996「九州古墳時代人骨の δ^{13}C・δ^{15}N 測定値について」『比較社会文化』2：109-116

瀧川渉・佐藤敏幸　2008 「北辺の横穴墓古代人―宮城県矢本横穴墓群出土人骨の形質」*Anthropological Science (Japanese Series)*，116：35-51

竹中正巳・峰和治・大西智和他　2001 「宮崎県えびの市島内地下式横穴墓群出土人骨」えびの市教育委員会編『島内地下式横穴墓群』えびの市埋蔵文化財調査報告書 29　別編　えびの市教育委員会　pp. 1-109

東松島市教育委員会・宮城県石巻地方振興事務所編　2008 『矢本横穴墓群 I ―飛鳥・奈良時代における牡鹿地方の墓―』東松島市文化財調査報告書 5　東松島市教育委員会

松下孝幸　1990 「南九州地方における古墳時代人骨の人類学的研究」『長崎医学会雑誌』65：781-804
南川雅男　2001 「炭素・窒素同位体分析により復元した先史日本人の食生態」『国立歴史民俗博物館研究紀要』86：333-357
米田穣・向井人史・蔡錫圭　2008 「台湾先史時代遺跡から出土した古人骨と近代ブヌン人骨における炭素・窒素同位体分析」 *Anthropological Science*（*Japanese Series*），116：161-170
和田英太郎・神松幸弘編　2010 『安定同位体というメガネ―人と環境のつながりを診る』 昭和堂
Phillips DL. and Koch PL. 2002 Incorporating concentration dependence in stable isotope mixing models. *Oecologia*, 130：114-125

コラム②　古病理学と古微生物学のはざまで―古代の病原体解析―

黒崎直　2009 『水洗トイレは古代にもあった―トイレ考古学入門』 吉川弘文館
Bos KI., Schuenemann VJ., Golding GB., *et al.* 2011 A draft genome of Yersinia Pestis from victims of the Black Death. *Nature*, 478：506-510
Drancourt M. and Raoult D. 2008a Molecular detection of past pathogens. Raoult D. and Drancourt M.（eds.）*Paleomicrobiology*：*Past Human Infections*. Springer-Verlag, Berlin, Heidelberg, pp. 55-68
Drancourt M. and Raoult D. 2008b Past plague. Raoult, D. and Drancourt, M.（eds.）*Paleomicrobiology*：*Past Human Infections*. Springer-Verlag, Berlin, Heidelberg, pp. 145-159
Hawass Z., Gad ZY., Ismail S., *et al.* 2010 Ancestry and pathology in King Tutankhamun's family. *Journal of American Medical Association*, 303（7）：638-647.
Mumcuoglu YK. 2008 Human lice：pediculus and pthirus. Raoult D. and Drancourt M.（eds.）*Paleomicrobiology*：*Past Human Infections*. Springer-Verlag, Berlin, Heidelberg, pp. 215-222
Smith GE. 1912 *The Royal Mummies*. Catalogue Général des Antiquités Égyptiennes du Musée du Caire, Imprimerie de l'Institut Français d'Archéologie Orientale.（reprint and 2nd impression：2000 Gerald Duckworth and Co. Ltd., London）

Suzuki K., Takigawa W., Tanigawa K., *et al*. 2010 Detection of *Mycobacterium leprae* DNA from archaeological skeletal remains in Japan using whole genome amplification and polymerase chain reaction. *PLoS ONE*, 5 (8)：e12422. (http://www.plosone.org)

特別論考

古代南九州における動物遺体と動物利用—ウマとウシを中心に—

甲斐貴充　2009 「宮崎県における古墳時代の馬埋葬土壙」『西都原考古博物館研究紀要』5：10-25

金子浩昌・西中川駿・松元光春　1985 「2方形周溝墓西溝出土の家牛 (*Bos Taurus*) 頭骨」『伊皿子貝塚』 港区伊皿子貝塚遺跡調査会　pp. 476-486

芝田清吾　1969 『日本古代家畜史の研究』学術出版会

柴田博子　2008 「古代南九州の牧と馬牛」入間田宣夫・谷口一夫編『牧の考古学』 高志書院　pp. 33-57

中村明蔵　1977 「隼人と馬—隼人と牧畜—」『隼人の研究』 学生社　pp. 252-261

並河鷹夫　1980 「遺伝学よりみた牛の家畜化と系統史」『日畜会報』51 (4)：235-246

西中川駿　2004 「九州の縄文遺跡出土の哺乳類遺体」『鹿児島考古』38：53-64

野澤謙　1992 「東亜と日本在来馬の起源と系統」『日本馬科学会誌』3(1)：2-18

長谷部言人　1939 「石器時代に飼牛あり」『人類学雑誌』54 (10)：21-26

林田重幸　1978 『日本在来馬の系統に関する研究』日本中央競馬会

松井章　1997 「考古学からみた動物利用」『部落会報なら』8：2-31

宮代栄一　1995 「宮崎県出土の馬具の研究」『九州考古学』70：19-43

宮代栄一　1997 「鹿児島県出土の馬具の研究」『人類史研究』9：171-178

おわりに

現在、中学・高校の日本史教科書では、蝦夷に関する記載は坂上田村麻呂による遠征の文脈中で取り上げられ、熊襲・隼人に至ってはそのついでに名前が登場する程度である。編者自身が蝦夷や熊襲・隼人に関心を持ったきっかけを振り返ると、一つは小学生の頃に読んだ学習漫画だったと思われる。熊襲はヤマトタケル伝説の紹介の中で悪役として登場し、熊襲が倒された地として掲載されていた鹿児島県隼人町の隼人塚の写真が、心に焼き付いていた。後に隼人塚は発掘調査により平安時代の石製多重塔の基壇と確認され、幼少時のイメージとのギャップに愕然としたものである。

また1980年代末に、突如仙台への遷都論が語られたことがあった。その際、関西の某酒造メーカー会長が、「東北は熊襲《ママ》が住む文化的に遅れた地域で首都にふさわしくない」との差別的な発言をしたため、東北地方一円でこのメーカーの商品ボイコット運動が展開されたことも、蝦夷や熊襲への関心が喚起された契機であった。

その後、奇しくも編者は東北と九州の両地域に勤務することになり、各々ユニークながらも共通項を有する両地域の文化に改めて関心を抱いた。今まで銘々に地道な研究が展開され、成果が公表されていたものの、両者はそれぞれ個別に扱われがちであった。平城遷都を記念する節目に、あえて水をさすかのように蝦夷と熊襲・隼人を比較し、両者の独自性と共通性を認識するという視点も、グローバリゼーションが台頭し様々な方面で均質化が進みゆく昨今だからこそ、必要ではないかと考えたのである。今回、シンポジウムの講演と本書への執筆を担当して下さった方々にこのような視点での成果発表をご承諾いただき、また関係者にその機会を提供していただけたのは、この上なく幸せなことであった。

シンポジウム後に出版化の準備を進めていたさなか、2011年1月には宮崎県で新燃岳が噴火し、3月11日には東日本大震災が発生した。東北・関東在住の執筆者の方々は幸いご無事であったが、本書でも触れた五松山洞窟出土人骨は、所蔵先の石巻文化センターが大津波による浸水被害に遭った。この件に関しては、国立科学博物館人類研究部のメンバーが資料の回収と修復作業に尽力されている。このような事情のため、本書の五松山洞窟人骨の写真は、山口敏先生のご厚意により、報告文献からの転載をお許しいただいた。

今回の震災後、869年の貞観大地震が注目されるようになったが、貞観年間（859～877年）は日本列島周辺の地殻変動がきわめて活発な時期だったらしい。874年の開聞岳噴火に際して埋没した隼人の集落は、後に鹿児島県指宿市の橋牟礼川遺跡として発掘調査が行われ、出土した動物遺存体については本書でも西中川駿先生がその概要を紹介している。発掘調査から得られる考古学・地質学上の災害情報は、当時の被災実態を如実に物語るばかりか将来の防災にとっても有益で、災害への心構えを現代人に強く喚起する重要な存在である。もはや災害について「未曾有」という言葉を使うことは、歴史認識の甘さと科学的想像力の欠如を露呈するだけだろう。

最後に、講演と執筆を引き受けて下さった皆様をはじめ、シンポジウムの企画段階からアドバイスを下さった日本人類学会骨考古学分科会幹事の奈良貴史さん、本郷一美さん、進行が遅れがちであった編集作業に際してご面倒をおかけした同成社編集部の加治恵さん、佐藤涼子さん、工藤龍平さんには、この場を借りて篤く御礼申し上げたい。

壬辰年戌月吉日　編著者　瀧川涉記

■執筆者紹介■

（五十音順）

安達　　登（あだち・のぼる）

1966年、東京都生まれ。

現在、山梨大学大学院医学工学総合研究部法医学講座教授。

主要著作：Mitochondrial DNA analysis of Jomon skeletons from the Funadomari site, Hokkaido, and its implication for the origins of Native American. *American Journal of Physical Anthropology* 138, 2009年（共著）。Mitochondrial DNA analysis of Hokkaido Jomon skeletons: Remnants of archaic maternal lineages at the southwestern edge of former Beringia. *American Journal of Physical Anthropology* 146, 2011年（共著）。

川久保　善智（かわくぼ・よしのり）

1975年、佐賀県生まれ。

現在、佐賀大学医学部医学科生体構造機能学講座助教

主要著作：「東北地方にアイヌの足跡を辿る：発掘人骨頭蓋の計測的・非計測的研究」*Anthropological Science*（J-series）, 117（2）、2009年（共著）。Interpretation of craniometric variation in northeastern Japan, the Tohoku region. *Anthropological Science*, 117（1）、2009年（共著）。

熊谷　公男（くまがい・きみお）

1949年、宮城県生まれ。

現在、東北学院大学文学部歴史学科教授。

主要著作：『蝦夷の地と古代国家』（日本史ブックレット）山川出版社、2004年。『日本の歴史03巻　大王から天皇へ』講談社学術文庫、2008年。

佐伯　和信（さいき・かずのぶ）

1961 年、長崎県生まれ。

現在、長崎大学大学院医歯薬学総合研究科生命医科学講座助教。

主要著作：「頭蓋形態小変異からみた九州地域の弥生人」『解剖学雑誌』75(4)、2000 年（共著）。「佐賀県鳥栖北部丘陵遺跡出土の古人骨について」『柚比遺跡群 4』佐賀県教育委員会、2003 年（共著）。

澤田　純明（さわだ・じゅんめい）

1973 年、北海道生まれ。

現在、聖マリアンナ医科大学医学部解剖学講座助教。

主要著作：『北上山地に日本更新世人類化石を探る―岩手県大迫町アバクチ・風穴洞穴遺跡の発掘―』東北大学出版会、2003 年（共著）。Bone histomorphology of the Dederiyeh Neanderthal Child. *Anthropological Science* 112, 2004 年（共著）。

竹中　正巳（たけなか・まさみ）

1965 年、鹿児島県生まれ。

現在、鹿児島女子短期大学生活科学部教授。

主要著作論文：Tooth removal during ritual tooth ablation in the Jomon period. *Bulletin of Indo-Pacific Prehistory Association*, 21, 2001 年（共著）。「南九州から出土した先史・古代人骨の時代的特徴」『先史・古代の鹿児島（通史編）』鹿児島県教育委員会、2006 年。

西中川　駿（にしなかがわ・はやを）

1937 年、鹿児島県生まれ。

現在、鹿児島大学農学部名誉教授。

主要著作：「わが国の在来牛と九州の古代牛」『動物考古学』14、2000 年。「鹿児島の先史時代の狩猟活動―哺乳類遺体から探る―」『先史・古代の鹿児島（通史編）』鹿児島県教育委員会、2006 年。『遺跡から出土する動物たち』南九州縄文研究会、2011 年。

北郷　泰道（ほんごう・ひろみち）

1953年、宮崎県生まれ。

現在、宮崎県埋蔵文化財センター所長。

主要著作：『熊襲・隼人の原像』吉川弘文館、1994年。『西都原古墳群』同成社、2005年。

米田　　穣（よねだ・みのる）

1969年、徳島県生まれ。

現在、東京大学総合研究博物館放射性炭素年代測定室教授。

主要著作：The Pleistocene human remains from Shiraho-Saonetabaru Cave on Ishigaki Island, Okinawa, Japan, and their radiocarbon dating. *Anthropological Science* 118 (3)、2010年（共著）。「骨の化学分析からみた縄文時代の生業と社会」『考古学ジャーナル』630、2012年。「縄文時代における環境と食生態の関係」『季刊考古学』118、2012年。

分部　哲秋（わけべ・てつあき）

1952年、広島県生まれ。

現在、長崎大学大学院医歯薬学総合研究科生命医科学講座講師。

主要著作：『ANCIENT PEOPLE IN THE JIANGNAN REGION, CHINA』九州大学出版会、2002年（共著）。「縄文系弥生人の形態分析」『日本列島の人類学的多様性』勉誠出版、2003年。『中国江南・江淮の古代人—渡来系弥生人の原郷をたずねる—』てらぺいあ、2007年（共著）。

市民の考古学⑫

骨《こつ》考《こう》古《こ》学《がく》と蝦夷《えみし》・隼人《はやと》

■編者略歴■

瀧川　渉（たきがわ・わたる）

1973年、千葉県生まれ。専攻は自然人類学、骨考古学。

明治大学文学部史学地理学科考古学専攻課程卒業。

東北大学大学院医学系研究科博士後期課程中退、博士（医学）。

東北大学大学院医学系研究科助教を経て、

現在、国際医療福祉大学福岡リハビリテーション学部講師。

〔主要著作〕

『北上山地に後期更新世人類化石を探る』東北大学出版会、2003年（共編著）。「四肢骨の計測的特徴における縄文人と現代日本人の地域間変異」*Anthropological Science*, 114(2) 2006年。「墓制研究における古人骨情報利用の課題と展望」『地域と文化の考古学』Ⅱ、六一書房、2008年。

2012年11月8日発行

編　者	瀧　川　　　渉
発行者	山　脇　洋　亮
印　刷	三報社印刷㈱
製　本	協栄製本㈱

発行所　東京都千代田区飯田橋4-4-8
（〒102-0072）東京中央ビル　㈱同成社
TEL 03-3239-1467　振替 00140-0-20618

ISBN978-4-88621-615-1　C1320